为什么事情总是朝你最担心的方向发展呢？

这些事件真的是偶然吗？

其实，在这些现象的背后隐藏着一个“幽灵”，

它就是——“墨菲定律”。

U0874277

墨菲定律

受益一生的生活法则

焦海利 / 编著

民主与建设出版社

·北京·

©民主与建设出版社，2019

图书在版编目(CIP) 数据

墨菲定律：受益一生的生活法则 / 焦海利编著.
— 北京：民主与建设出版社，2019.3

ISBN 978-7-5139-2432-0

Ⅰ. ①墨… Ⅱ. ①焦… Ⅲ. ①成功心理－通俗读物
Ⅳ. ①B848.4-49

中国版本图书馆CIP数据核字（2019）第055619号

墨菲定律：受益一生的生活法则

MOFEI DINGLÜ：SHOUYI YISHENG DE SHENGHUO FAZE

出 版 人	李声笑
编　　著	焦海利
责任编辑	王　颂
封面设计	亿德隆
出版发行	民主与建设出版社有限责任公司
电　　话	（010）59417747　59419778
社　　址	北京市海淀区西三环中路10号望海楼E座7层
邮　　编	100142
印　　刷	三河市天润建兴印务有限公司
版　　次	2019年5月第1版
印　　次	2019年7月第2次印刷
开　　本	880mm×1230mm　1/32
印　　张	6
字　　数	160千字
书　　号	ISBN 978-7-5139-2432-0
定　　价	35.00 元

注：如有印、装质量问题，请与出版社联系。

前言

在生活中，你一定有过这样的经历：越害怕考试考不好，越会考砸；自以为买到了最便宜的东西，结果出门就发现还有更便宜的；老板走过你的办公桌时，你总是在开小差；堵车的时候，总是旁边的车道先动起来；生怕弄丢手机，最后手机一定会丢失。为什么事情总是朝你最担心的方向发展呢？这些事件真的是偶然吗？其实，在这些现象的背后隐藏着一个“幽灵”，它就是——“墨菲定律”。

1949年，爱德华•墨菲和上司斯塔普少校一起参加美国空军的MX981火箭减速超重实验，这个实验是为了测试人类对加速度的承受极限。有一次，实验要把16个传感器装在实验设备上，然后不断加压，如果压力到达极限，传感器就会发出警报声。可是，直到实验设备因为压力过大而变形，传感器都没有任何反应。原来，有人把16个传感器全部装在了错误的位置。理论上，全部装错这种可能性是非常小的。于是，爱德华•墨菲说：“一件事只要有可能出错，那就一定会出错。”后来这一论断就成了“墨菲定律”。

“墨菲定律”可以解释生活中的许多让我们无法回避的“偶然”现象，看似偶然的错误，其中却包含着某种必然性。但是，我们研究墨菲定律，只是为了证明错误的必然吗？当然不是！我们探讨和研究“墨菲定律”是为了揭示表面现象背后的规律，并希望从中得到一些启示，让它成为我们人生中的良师益友。

如果我们用正向的思维去看待“墨菲定律”中的效应和法则，那么它就能教我们远离陷阱，防患于未然。“晕轮效应”提醒我们不要被表象所迷惑，“首因效应”告诉我们第一印象的重要性，“马蝇效应”鞭策我们勤奋，“木桶理论”提醒我们正视自己的短板，“幸福递减定律”告诉我们知足才能更快乐，等等。

本书从自我认知、心理调节、人际交往、职场成长、有效沟通、管理有序、两性相处、家庭教育、财富升值、快乐生活这10个方面入手，通过通俗易懂的语言和翔实生动的案例，为读者揭示各种的法则和效应。书中还针对工作和生活中的一些实际问题，阐述了解决的方法，对实际操作具有一定的指导意义。

希望通过此书，帮助广大读者规避生活和工作中的“风险”，从容应对人生中的困境，不断完善自我，让生活更美满，人生更幸福。

目 录
contents

上篇
打败我们的，往往是我们自己

目录
contents

目 录
contents

上　篇

打败我们的，往往是我们自己

自我认知法则：为什么你会变成自己曾经最讨厌的样子

自我认知是我们对自己的洞察和理解，每个人都会在自我认知的过程中得到成长，自我认知的不断提升，就是一个人的成长过程。自我认知法则告诉我们，如果想驾驭好自己的人生就要有正确的自我认知，学会诚实地面对自己，摆正自己的位置，学会为自己负责。

焦点定律：你并没有你以为的那么重要

是否，你也因为早餐时衣服留下的几滴油渍而懊恼一整天？是否，也因为在人前说错一句话而久久无法释怀？又或者，因为一次小小的聚会，在衣橱前纠结千千万万？如果有类似情况之一，恭喜你，你恰恰印证了焦点定律！

所谓焦点定律，就是一个人把自己看作一切的中心，高估旁人对自己的关注度，认为别人对自己也保持着异乎寻常的注意力。

这种心理在人群中非常普遍。几乎每个人，或多或少都有过度关注自我的倾向。过分看重别人的眼光，就是太把自己当回事儿。较为常见的自尊心过强，即为这种心理的表现。

我们总能敏锐地感知自己的变化，而别人却不一定能感觉到。我们总觉得自己站在舞台中央，而事实却是，对于别人来说，你不过是“路人甲”。

焦点定律无限放大，往往就会造成社交恐惧。社交恐惧者，觉得自己就是人群的焦点，所有人都在看着自己，高估自己的社交失误带来的影响。

下面，我们以一个真实故事为例，来说说焦点定律带给我们的心理影响。

【焦点定律案例】

星子是班里的英语课代表，暗恋隔壁班的大卫很久了。两个班级的教室大门紧挨着。一天上课前，星子从老师那里抱来一沓作业本，匆忙赶往教室。她直冲上教室讲台，准备发作业本，这时才发现走错教室了，于是她仓皇地夺门而出。

事后，她一直想着刚才那一幕，觉得自己的窘态完全暴露，大卫和他的朋友们一定会嘲笑自己，越想越觉得尴尬，甚至伤心地哭了起来。

时隔多年，星子实现了爱情理想，与大卫走到一起。两人再谈起当年往事，星子记忆犹新，仔细描绘当时的这一情形，而大卫竟然说完全不知道有这回事。星子愕然，瞬间觉得自作多情！

星子所经历的，正是焦点定律所带来的痛苦，自认为，走到了教室讲台，所有人都会看到自己，并对自己的窘态嘲笑不已……事实证明，即便是石头以那样哗众取宠的姿态出现，都无法博得人们的眼球。每个人都有自己的事情要忙，谁有功夫看你呢？

其实，往往一件事，即便别人看到，甚至当即做出反应，也不过是“浮云”，因为他们会很快忘掉的。毕竟，你不是别人生活里的主角。每个人都只把有限的心思放在自己身上。

换角度而言，我们把自己当成焦点无可厚非。但是，如果这种心理不加以控制，愈演愈烈，甚至扩张到别人的领域，觉得自己在他人眼里也举足轻重，这样的话，我们自己内心的压力会像滚雪球一般，越来越大，越来越沉重。

当然，也并不是说焦点定律就一定是“心灵毒药”。实际上焦点定律在每个人身上都有，并且不能完全消除。如果我们可以认识到这一点，善加利用，也能带来不少好处。比如商业谈判，如果你能花一些心思在对方身上，注意到他的资历、穿着，等等，并加以褒扬，会让人觉得自己被关注而感觉良好，从而更容易获得对方的信任和好感，促使最终结果如你所愿。

回到我们自己身上再来谈焦点定律，就不难发现，越是弱化这一心理作用，我们就越能轻松自若，越能真真切切活出自我，实实在在享受生活。

泰戈尔说：“天使之所以会飞，是因为她们把自己看得很轻。”

那么，我们究竟应该怎样做，才能弱化自身的焦点定律呢？以下我们列出几个方法，仅供参考。

★心理暗示：我只是芸芸众生中的一员，我虽独特，但也平凡

心理暗示，是自我治愈的必经之路。我们可以时常在心底告诉自己，“我只是芸芸众生中的一员，我很平凡”。

虽然我们总在唱“我们不一样”，但是，其实大家都一样，没有人会时刻注意你的独特之处。明星、政要尚且有自己的小天地，你更应该放轻松，不要因为一些微不足道的过失而耿耿于怀。你可以活出自我，不必太在意别人的看法。因为，可能别人压根就没看法。

★换位思考：公共场合，不必紧张，最在意的只是你自己

有人惧怕当众发言，因为总是紧张出错，其实，这是由于你在潜意识里觉得，别人也在字斟句酌、认真聆听。

其实，真正在意的，只有你自己。

你可以要求自己，慎重其事，追求完美，但同时可以想象别人并不会像你一样，去在意你的表现。

★心态平和：深呼吸，放轻松

凡事轻松面对，反而更容易成功。当你因为焦点定律倍感压力的时候，那么，别人一句随口的言语，都能成为压死骆驼的最后一根稻草。因此，请深呼吸，放轻松。

2017 年上海的维密超模秀场上，奚梦瑶不慎跌倒，随后依然微笑着完成走秀，她并没有因为这次“维密大事故”就一蹶不振，反而淡定从容，一摔成名。

纵观我们的人生，即便你登上“维密秀场”，也没什么大不了，即便万众瞩目，你也不会是永远的焦点。所以，放轻松，跟焦点定律说“拜拜”，轻装上阵，方能活得从容自在！

苏东坡效应：若想驾驭人生，先认清自己

“我是谁？我从哪里来？我要到哪里去？”这是人生哲学的三大终极问题，早在古希腊时期，苏格拉底就呼吁人们—“认识你自己”！

那么，历经千古，在人类文明高度发展的今天，我们已经认识自己了吗？未必如此。

酒桌上夸夸其谈、吹牛说瞎话；庙宇前唯唯诺诺、求仙问道；相亲节目上拜金主义、哗众取宠；生活中附庸权贵、狐假虎威……自高自大、妄自菲薄的大有人在。

毕竟，如富兰克林在《社会心理学》中所说：“There are three things extremely hard,steel,a diamond and to know one's self.”有三种事物非常坚硬或困难，钢铁、钻石及认清自己。

宋代诗人苏东坡说：“不识庐山真面目，只缘身在此山中。”言下之意，置身于庐山，就很难看清庐山真正的风貌。正如“真我”，深藏于我们内心，很难被发现，很难被识破。比起客观现实，人们要认清自己往往更为困难。可见，这是东西方社会公认的：人要认识自己，是一件非常困难的事情。这一心理现象，就是本节我们要介绍的“苏东坡效应”。

古人说“三十而立，四十不惑”，事实上，很多人即便到了不惑之年，依然很难认清自己，无法给自己准确定位。有人不知道自己的能力所长，不知道自己的兴趣爱好，不知道自己想要什么，应该做什么。这都是源于没有很好地认清自己。

夜郎自大、井底之蛙、蚍蜉撼树，等等，这些我们耳熟能详的寓言，无一不在告诉我们：认清自己、看清事实至关重要。

一则笑话：蚂蚁和大象一起去游泳，大象早已在水中嬉戏欢腾了，却迟迟不见蚂蚁下水，过了一会儿，蚂蚁在岸边大叫：“大象大象，你快上来！”大象以为发生了什么急事，赶紧上岸，累得气喘吁吁，问蚂蚁怎么了。蚂蚁看了一眼大象，说：“噢，没事了，我找不到泳裤，看看是不是你穿错了！”一只小蚂蚁，不

清楚自己的斤两，滑稽可笑，令人捧腹。

其实，讲的是笑话，说的却是现实。一个人如果没有认清自己，没有找准自己的位置，也就无法找到自己的道路，更不用说驾驭人生。以下阳阳的事例，也许会给你带来启发。

【苏东坡定律案例】

阳阳是一枚不折不扣的“小吃货”。她最喜欢的是美食节目，不管去何地旅游，总要将当地的特色小吃一一尝遍。比如单单一个臭豆腐，白的、黄的、黑的；干的、鲜的；炸的、烤的……她都一探究竟，区别成因，比较口味。

考大学的时候，爸爸希望她往公务员方向发展，于是她报了经管类专业，结果到了学校，她每天心情颓丧，几欲退学重考。后来有幸结识了一位烹饪专业的朋友，于是经常去陪课旁听，饶有兴致，比她原本的专业课学得还要好。她提出换专业，却遭到父母的强烈反对。在父母的观念里，厨师怎能跟公务员相提并论呢！

浑浑噩噩多年，阳阳也考上了公务员，虽然每天朝九晚五，工资有保障，生活有规律，但她常常感到厌倦不堪。直到有一天，那位朋友提议，一起做烘焙、热饮，她顿时活力四射，每日学习烘焙点心、冲调咖啡，不知疲惫。静心思索，她突然明白，自己所热爱并且擅长的还是美食，于是排除万难、义无反顾地开起了自己的甜品店。如今她生意兴隆，已经成为小有名气的连锁店老板。

阳阳从认清自己的那一刻开始，就像是获得了重生，公务员这个职业确实不错，也令父母觉得很有面子，却不是阳阳想要的。我们只有认清自己，扬长避短，才能乘风而上，充分实现自我价值，成就人生的辉煌。

马克·吐温说：“人有两次生命，你出生的那一天，和你知道自己要做什么的那一天。”可见认清自我到底有多重要。我们只有认清自我，才有可能知道自己要做什么。

自我包括物质自我、精神自我、社会自我。

有科学研究显示，人们在内心给自己的画像，往往比真实相貌更漂亮。我们倾向于认为自己就是自己理想的样子。但这种不准确的认识，是“镜中我”，它与“社会自我”是存在差距的。在物质层面，我们尚且不能认清自我，何况是更深层次的精神自我和社会自我呢？

我们要做的，就是努力接近真相，认识一个真实的自我。那么，我们应该怎样去做呢？以下，我们提出这样几种途径：

★“吾日三省吾身”，自我反省，自我觉察

静下来，经常反省自己，与自己对话，或者通过写日记的方式，复查盘点自己的处事经过，探究自己的真实想法，无论成功还是失败，都是我们认识自我的良好素材。有则改之，无则加勉。

★虚心请教，询问别人的意见

俗话说：“当局者迷，旁观者清。”往往旁观者更能一语中的、一针见血。因此我们可以求得亲友同事的帮助，聆听他们的看法，虚心接受批评建议。

★热爱学习，保持理性，使自己的判断更准确

热爱学习，完善自己的知识体系，越是博学的人，越能感受到自己的无知。也只有信息发达、知识丰富，才能更加全面、更加客观地分析问题，对自己做出准确的判断。

★寻求专业机构的帮助

不要去所谓的易经馆，也别相信什么星座书。现在有一些专业的职业测评师、性格分析师，他们具备良好的心理专业知识，能够通过科学的手段帮助我们认清自我。

世人常说，一个人最大的对手就是他自己，我们首先要做的就是认清自己，而后才谈得上战胜自己。

人是感性动物，苏东坡效应与生俱来，我们需要努力学习，不断尝试，尽量克服这种心理，尽早认清自己，实现自己的理想，成为真正的“人生赢家”。

自我宽恕定律：我们总是很轻易就原谅自己

一个小偷，被抓现行，却美其名曰：劫富济贫。称自己本性不坏，都是生活所迫……所以，之后的他还是会觊觎别人的财物，还是会伸手。

一个学生，沉迷游戏，却为自己辩解：大家都在玩，我不玩的话会缺乏共同语言，交不到朋友……所以，不管家长老师如何规劝，还是会照玩不误。

一个上班总爱迟到的人，每次都有借口：路况太差、堵车严重；孩子生病哭闹，赶着送医；又下雨了……所以，迟到成为理所当然，成为常态。

似乎，自己的错误总是因为别人，为什么承认自己的错误就这么难呢？为什么明明自己犯错了，却不以为然，这么轻易地就释怀了呢？

出于本能的自我保护，我们总是很容易忽略自己的失误、理解自己的过错、轻易地原谅自己，对别人却无法做到这样宽容。这种现象，在心理学中，被称之为自我宽恕定律。

人非圣贤，孰能无过，可能每个人的初衷都是好的，也没有人愿意犯错。但是，错误却无法避免。针对于此，先贤教导我们应该秉持的处事原则是：严于律己，宽以待人。对待自己要严格，对待他人则要宽容。话说起来容易，能实实在在做到的，却寥寥无几。“自我宽恕定律”反倒在人群中随处可见。

我们潜意识里认为，犯错就会受到惩罚，人的本性遵从趋利避害的原则，因此一旦察觉到可能的危险，便极力辩解，甚至把错误归因于别人。也有人可能只是因为自尊心、虚荣心，为了所谓的颜面，就死不认错。

这种自我宽恕，一旦成为某个人的习惯，久而久之，在他的世界观里，是非对错的界限就会变得模糊，长此以往，就会自我放纵、自甘堕落，从而造成严重的后果。

试想，一个人如果习惯于在内心自我宽恕，对自己的错误毫不悔改，是一件多么可怕的事情！轻者，如孔乙己，“窃书不算偷”；如阿Q，在太阳底下捉虱子，别人也这样做他却不高兴！情节严重的，大概就如有些犯罪分子，错了还觉得自己有理，一步步走向泥潭，落入犯罪深渊。

这里，我们将列举一个真实案例，对“自我宽恕定律”加以探讨。

【自我宽恕定律案例】

2016年11月3日，年仅24岁的留日女学生江歌在日本惨遭杀害，举世震惊，虽然2017年已经在日本宣判结案，但至今仍在网上饱受争议。这个事件涉及的人员包括江歌、刘鑫、刘鑫前男友陈世峰、江歌妈妈江秋莲。

大概经过是这样的：陈世峰与刘鑫发生矛盾。刘鑫借住在好友江歌家，寻求庇护。陈世峰前来找刘鑫麻烦，善良的江歌将其挡在门外，并与之理论，结果遇害。在此过程中，刘鑫置身事外，躲在房间里，并没有开门解救江歌。如果刘鑫仅仅是见死不救，倒也无可厚非，毕竟对方手持凶器，而求生又是人的本能。但问题在于，凶案发生之后，刘鑫并没有觉得江歌是受自己所累而遇害，并没意识到自己在整个事件当中的主导作用，不仅没有向不幸失独的江妈妈道歉，反而在网上与她掀起骂战。

案发之初，刘鑫没有积极配合，对江歌妈妈也有所回避，因而激起了江歌妈妈的愤怒，江妈妈一气之下，在网上公布了刘鑫的一些个人信息。刘鑫则大为恼火，以侵犯公民隐私权为由起诉江歌妈妈，这下惊动了所有人。无数热心网友组成志愿者队伍，为江妈妈签名请愿。网上各路言论也是争论不休。

“江歌案”一事，令人悲痛惋惜。众多网友愤怒的点在于刘鑫，她本来是事情的起因，结果不仅没有丝毫歉意，还一次次伤害江歌妈妈，无异于往江歌妈妈伤口上撒盐。“自我宽恕定律”在刘鑫身上展现得淋漓尽致——因为自己的错误连累无辜的人遇害，即便这样也很快就自我宽恕，若无其事地继续好好生活。过多的谴责，似乎有道德绑架之嫌，但刘鑫犯下这么大的错误，却似乎轻而易举地就做好了自我心理安慰，也实在令人难以接受。

之后对江歌妈妈泄露个人隐私一事，却又紧追不放，怎么不让人愤怒呢！

极少有人会认为自己是坏人，“自我宽恕定律”存在于每个人内心，即便傻蛋也觉得自己代表着正义。不仅是因为没有准确的自我认知，更重要的是，自我宽恕，假意无辜。

李沧东执导、全度妍主演的一部电影《密阳》，结局十分令人诧异而悲痛。女主角带着孩子移居到密阳，本来温馨和谐，结果孩子被绑架，惨遭撕票。女主角从此活在仇恨与悲痛之中。最后为了解脱去探监，本想试着原谅杀人犯，结果，那个犯人一脸平静，告诉她：自己每天对神忏悔，已经得到了主的原谅。女主角瞬间崩溃，受害人都还没有得到解脱，凭什么你就这么容易被宽恕了？

很多宗教思想都会给人们灌输一个概念：救赎。做了错事，通过忏悔、行善，就能得到神的宽恕，从而使你从内心消除自责和悔恨，也就实现了救赎。其实，这种意义上的救赎，无非就是自我宽恕。

一个健康的心理状态，首先要接纳自己，完完全全地爱自己。但这并不意味着我们就可以漠视自己的过错，轻而易举地宽恕自己。真正爱自己的人，一定会时常反省自己，正确地认识自己，并勇于承认错误，不断完善自我，使自己变得美好，成为一个真正自尊自爱，也值得被尊敬被爱戴的人。

并不是说犯了错，就要揪着不放，一辈子背负着枷锁。但是，也不要因为自我宽恕，就一味地宽恕自己，放弃自我审视，放弃自我成长的机会。往往毁掉一个人的，不是过错，而是犯错之后面对自我的态度。

“以责人之心责己，以恕己之心恕人。”像苛责别人那样来严格要求自己，像宽恕自己那样去宽容别人。严于律己，我们才能不断进步，在错误中成长；宽厚待人，才能使我们获得尊敬和善意，收获充实又温情的人生。

约拿情结：打败我们的，往往是我们自己

大多数人本主义心理学家都相信，人性都渴望成长，都有发挥潜能的欲望，都有实现自我的冲动。但是，如果这一观点完全正确，那么又怎么解释现实中大多数人并没有得到充分的施展，并没有实现自我，反而往往更多的是怀才不遇、庸碌无为呢？

一个向来成绩优秀的学生，只要临近大考，就莫名其妙地开始生病，以至于每次关键的考试都不理想。

一个专业能力极强的员工，对待每次会议上进行交流分享的邀请，都毫不犹豫地选择拒绝。

……

如此种种，这样的事情并不少见。其实这一心理现象，我们可以称之为“约拿情结”。

约拿是基督传说中的一只鸽子，它在完成了神交付的伟大使命之后，将自己隐藏起来，逃避人们的敬仰和纪念。虽然渴望成功，但是当真正的机遇、成功到来之时，却又害怕成功，选择逃避。这就是所谓的“约拿情结”。

通常，当人们需要平衡自己的内心压力时，就会表现出“约拿情结”。具体来说，表现在自己身上，就是逃避成长、对抗完美、拒绝承担重大使命；表现在别人身上，则是嫉妒别人的优秀、嘲笑别人的成功。约拿情结也深刻体现了人性的复杂。我们自信又自卑，崇拜伟大又抵触伟大，追求完美却又害怕完美。

如果无法消除“约拿情结”，轻则“伪愚”，重则“自毁”。“约拿情结”让我们在面对荣誉时，总有一种“我不配”的想法，宁愿选择放弃。表面看，它让我们披上谦虚的外衣；本质上，却让我们的内心充满了恐惧。

“枪打出头鸟”“树大招风”“人怕出名猪怕壮”……我们自小受到太多类似的教育。虽然从众心理和明哲保身可能确实存在一定的合理性，但从自我实现的角度来看，却无疑是巨大的心理障碍。

罗斯福说：“我们唯一恐惧的就是恐惧本身。”因为存在“约

拿情结”，恐惧成功，所以打败我们的，往往正是我们自己。

这里，我们以波特曼在《黑天鹅》里所扮演的妮娜为例，对“约拿情结”进行分析。

【约拿情结案例】

《黑天鹅》是一部经典的心理剧。女主角妮娜是芭蕾舞演员，著名的《天鹅湖》舞剧选角时，妮娜与另外一名同样优秀的演员竞争。剧中，导演要求女主角既能体现白天鹅的纯洁美好，又能演出黑天鹅的诡异邪恶，难度相当大。当然，如果能在这样一部鸿篇巨制中，担任灵魂角色，对于每个芭蕾舞演员来说，可称得上是死而无憾了。

为了争取到演出机会，妮娜努力寻求灵感，刻苦训练。在这个过程中，她追求完美，努力接近完美，却一度因为怯懦、自卑、逃避自我而几近奔溃，她的内心反复挣扎，痛苦不已，甚至差点错失良机。

但幸运的是，她最终找回了“真我”，伴随着天鹅湖令人激荡的交响乐，完成了表演，并得到了演出机会。

在这部电影里，最为浓墨重彩的，是中间部分妮娜在接近完美时内心所遭遇的挣扎：她比任何人都更渴望完美，却也比任何人都更多一分敬畏。“我能做到吗？我做不到，不，我必须做到！”幸运的是，她在最后时刻，完成了对“约拿情结”的突破，从“本我”到认识“真我”，并最终实现“超我”。

“约拿情结”普遍存在，它使我们在机会面前踌躇不前，在成功面前患得患失。只有从根本上摒弃这一心理，我们才能更好地抓住机会，走向成功，实现自我。

至于如何消除“约拿情结”，避免恐惧心理，我们有以下建议（如图 1）：

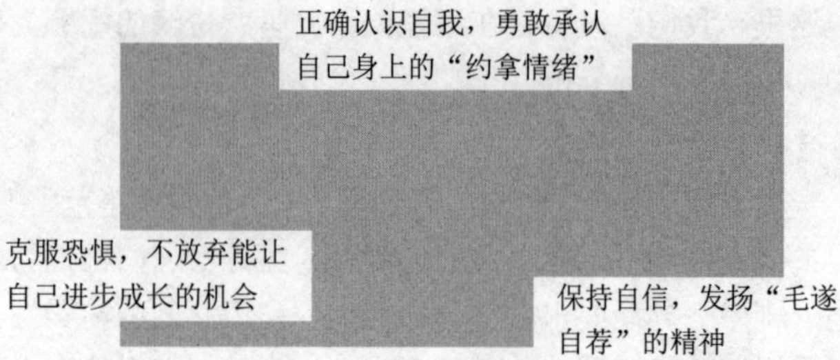

图 1　消除“约拿情结”的方法

★正确认识自我，勇敢承认自己身上的“约拿情结”

只有直面自己的内心，正确认识自己，才能精准定位问题所在。“约拿情结”并不可耻，我们要接纳它，然后才能修正它。

★克服恐惧，不放弃能让自己进步成长的机会

每个人的内心都有恐惧，恐惧往往会阻碍我们前进的步伐，我们可以通过不断的训练，使自己的内心慢慢变得强大。勇敢抓住一次机会，尝到甜头你就会有勇气再去找寻第二次、第三次……更多的机会。

★保持自信，发扬“毛遂自荐”的精神

自信，是我们最华丽的礼服，能让我们自带光环。一个充满自信的人，浑身都散发着迷人的光辉。保持自信，是克服“约拿情结”的关键。不失时机的“毛遂自荐”，会令你收获更多机会，接近成功。

诗人说：近乡情更怯。对待成功，对待完美，我们也往往如此，有人会临阵脱逃，有人却迎难而上。我们只有正视“约拿情结”，并努力克服它，才能冲破内心的牢笼，破解对自我的束缚，消除通往成功之路的绊脚石，实现完美。

努力摈弃“约拿情结”，面对自己，不逃避，不放弃，坚定信念，勇往直前；面对他人，别嫉妒，别“仇富”，更别幸灾乐祸，摆正三观，诚实不虚伪。唯有这样，我们才能做到内心坦荡，突破平庸，实现人生理想。

控制错觉定律：我们总是会信心满满地“犯错”

所谓控制错觉定律，是指我们凭直觉而非理性分析做出判断，并自认为正确。其实，这往往是一种错觉，是一种盲目的谜之自信。

“控制错觉”几乎会发生在每个人身上：

养狗人士总说“我家的狗狗不咬人”；赌博的人总想着，自己一定会赢；在朋友圈转发锦鲤的人会说，运气还是有的……

其实世界充满了未知，没有什么是绝对的，反而会有很多偶然事件，是我们无法预测，更无法控制的。

“直觉”往往成为了我们对抗未知的重要武器，惯性思维让我们变得简单粗暴。许多人在对某件事情发表看法的时候，总是会依据自己的经验和直觉，认为只要这样做，就一定会有这样的结果；以前是这样，那现在和以后也会这样；别人都是这样，那么我们自己也会这样。我们自认为可以清晰地了解、准确地预测并做出正确的判断，殊不知，经验并不会永远可靠，而好运气也不是总会青睐你，这样以直觉为基础的判断，99% 都是错觉，都会导致一个错误的结果。

这里，我们举个例子对“控制错觉定律”进行分析。

【控制错觉定律案例】

妈妈买回来一盒月饼，让馨馨和果果姐妹两人一起吃。果果抱着盒子，拿起一个月饼咬一口又放回去，再拿第二个，又尝一口，再拿一个……姐姐馨馨不乐意了，去找妈妈打小报告：“果果霸道，一个人把月饼都抢了……”妈妈过来一看，非常生气，顿时觉得，妹妹太浪费，又自私，想要霸占月饼，于是每个都咬一口。于是一把拉住果果，强压怒火，语重心长地教育她：浪费食物是非常不对的行为，而且有好吃的东西，应该和姐姐一起分享……果果撅起小嘴，似乎很委屈。

直到晚上睡觉前，妈妈试图再次教育她，问她为什么要这样做，果果才奶声奶气地说：“我是想帮姐姐尝尝看哪个是蛋黄馅的，看哪个最好吃，因为姐姐最喜欢吃蛋黄流心月饼。”妈妈愕然，看着刚满三岁的果果，羞愧难当，说不出话来。

大人们用自己的想法去猜测孩子的行为，这在生活中非常多见。在孩子面前，大人有着绝对的权威，大人始终相信自己是对的，而孩子总是需要被纠正被教育的。上面这位妈妈，就是以自己的经验和直觉作判断，认为果果自私，结果误会了孩子。其实这位妈妈所表现出来的正是控制错觉定律。

某个人曾经与朋友打赌：鱼到底有没有舌头。朋友说鱼是有舌头的，而那个人却以自己多年来吃鱼并没见过什么鱼舌头的经验，自信满满地坚持认为鱼没有舌头。后来，打赌的两个人去菜市场水产区，把鱼一条条拎起来观察。一位鱼贩被他们的举动所吸引，也很好奇，于是和他们一起找鱼舌头，看了很多的品种，最后得出结论—鱼是有舌头的。

你看，单凭经验其实并不能得出正确的结论，就连每天与鱼打交道的鱼贩，他对于鱼的认识也是不全面的。每个人所谓的事实真相本来就各有差异，即便不是红绿色盲，你看到的红苹果，在别人眼里也不一定就是红色的。我们亲身所见所闻都不一定是真实的，更何况是毫无根据的直觉呢！

如果我们没有足够的科学依据作背景，却还盲目自信，坚持错觉带来的判断，那么就会“信心满满地犯错”。

那么，要摆脱“控制错觉定律”，具体应该怎样做呢？以下建议值得参考。

★多思考，多动脑，保持理智。

帕斯卡说：“人是会思考的芦苇。”我们区别于其他生物，最主要的一个方面，就是人类会思考。我们应该常常提醒自己，多思考，多动脑，多分析，而不是仅凭经验直觉，脑袋一热，大腿一拍就下了结论。

★善于收集信息，准确认清事实，帮助自己做出正确判断

学海无涯，我们只有不断地学习，获取充足的信息，来武装自己的头脑，才有能力认清现实，认识自我，也才能最终做出正确的判断。

★利用错觉，为自己服务

凡事都具有两面性，错觉运用得当，也能反“错觉控制”。例如，有些成功人士，他们往往一开始并不见得比其他人优秀，但是，贯穿始终的是，他们都有一种“优越错觉”，觉得自己优秀，结果真的变得优秀。朱元璋本是一介放牛娃，却以“明王转世”为自己贴金，本来是自欺欺人，结果他却成为了真正的明王。可见，如果能善于利用积极的错觉，也会带来积极正面的结果。

如果能正确认识自我，承认自己认知水平的局限，我们就能有意识地对抗“控制错觉定律”，当遇到无法改变的客观条件时，就能积极地对现有条件进行分析，在此基础上力争做出最理智的判断，而不是盲目地相信直觉，然后被动地接受结果。

“控制错觉”会带来干扰，甚至会令我们一腔孤勇，却死无葬身之地。因此，我们应该努力克服这种心理，打破谜之自信，保持理智，做出正确的判断。

马斯洛理论：为梦想而忙，往往也会因忙碌而丢掉梦想

毛姆在《月亮与六便士》里，向我们讲述了一位画家抛弃原本看起来富裕美满的生活，不顾一切追寻自己的艺术梦想，最终成为伟大画家的故事。“满地都是六便士，他抬头却看到了月亮。”六便士，象征着现实中琐碎的生活，而月亮，则代表人们内心的梦想。

然而，在现实生活中，有多少人，可以像《月亮与六便士》里的男主人公思特里克兰德那样，在日常的庸碌中，坚守自己的梦想，并最终义无反顾地捍卫它、实现它呢？

马斯洛曾分析得出人们内心的需求法则呈现一个金字塔结构：最底层也是最基本的是生理需求，然后依次往上是安全需求、社交（归属与爱）需求、尊重需求、自我实现的需求（如图 2）。人们只有在满足了底层需求的前提下，才会产生高一级的需求，

并努力去满足。由此我们可以看出，跟一个还没有解决温饱的人去谈感情，去谈实现自我价值，无异于鸡同鸭讲，就是一个笑话。

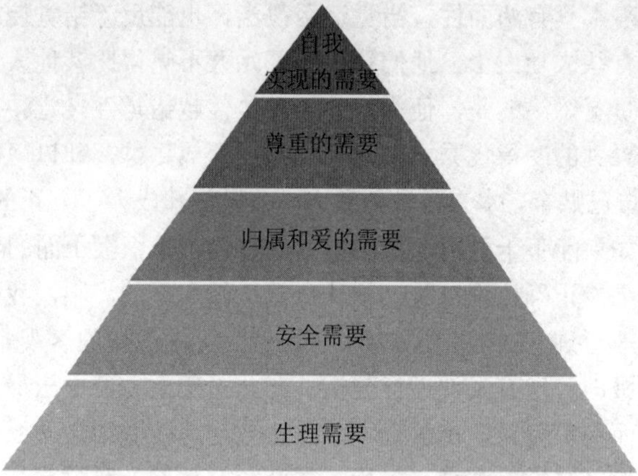

图 2　马斯洛需求层次理论

马斯洛同时也说：“人是一种有梦想的动物。”梦想，我们可以理解为最高级精神需求，即自我实现。“人无梦想如同咸鱼”，虽是一句玩笑话，却十分正确。

电影《被嫌弃的松子的一生》里的松子经历各种打击之后，一蹶不振，放弃理想，自暴自弃，最后在垃圾堆里孤独终老，可怜又可悲。虽然电影艺术略有夸张，但现实生活中，一个人如果失去梦想，也确实容易内心荒芜，人生失意。没有梦想的人生，就像是没有水的海洋，空洞虚无。一个没有梦想的人，内心是没有目标的，因为心无所依，所以一生都在流浪。

其实，人们并不是一开始就没有梦想的。想想孩提时代，我们一个个都特别敢想，动不动就想要成为科学家、宇航员之类的。但是，随着年龄的增长，目标变得越来越小，也越来越现实，那个曾经梦想着探索宇宙的小男孩，如今只想要大房子 、大车子；那个曾经想要成为大歌星、大作家的小女孩，如今只想要嫁给一个有大房子、大车子的男人……

“没有超人之想，也就不可能有超人之举。”长大之后，人们想都不敢想了，又怎么可能有所壮举、有所成就呢？生活就是这样残酷无情。安逸庸碌的生活，常常会杀死我们内心的梦想。甚至我们毫不知情，无从察觉。失去了人生旅途中最重要的行李却不自知，你想想该有多可怕。

有的人，走着走着，就忘记了梦想；有的人，屈从现实，将梦想深藏于心，满腹遗憾；而有的人，却能够历经千难，将梦想照进现实。

“曾经梦想仗剑走天涯，后来工作太忙就没去。”这是一句自嘲，一句戏谑，却将那种身不由己的无奈赤裸裸地说给我们听。谁还不曾有个侠客梦、有个“环游世界”的梦想呢！

但是我们得要先生活啊，一路打拼，解决温饱，过上安逸的生活，拥有温馨的家庭，也甚至可能小有成就，有了一定的社会地位，这所有一切努力，可能都是为了实现梦想而奠定的基础，可是，到了这儿，你的梦想还在吗？我们总是在为梦想而忙，往往也会因忙碌而丢掉梦想。

【马斯洛理论案例】

2018 年的教师节，发生了一件轰动全国的大事，那就是阿里巴巴董事局主席马云宣布 2019 年 9 月 10 日卸任，并且透露卸任后自己将回归教师行业，去实现自己的“教育梦”。

众所周知，当年马云毕业于杭州师范大学，第一份正式的工作便是英语老师。后来各种机缘，也是历经艰辛，走遍千山万水，创办了阿里巴巴，并大获成功，这些年来马云稳居福布斯榜。早年忙于创业，之后公司发展起来，则又忙于经营。要打理阿里巴巴这个全球最大的电商集团，马云忙不忙？他现在身价达到两千多亿，成功不成功？但是，即便如此，他没有迷失自我，“教育梦”的种子如同睡莲一般，即便时隔多年，一旦时机成熟，依然会绽放。

我们往往感慨于马云的巨大成功，但他的成功绝不是偶然，单凭他对待自己年轻时梦想的态度，就能感觉到，成功非他莫属。

“不忘初心，方得始终”。

“路漫漫其修远兮，吾将上下而求索”。实现梦想，并不是一件容易的事，我们可能要为之付出别人难以想象的努力。为了梦想，我们马不停蹄、日夜奔波，我们可能挫败连连、心力交瘁，甚至自我怀疑。现实生活的压力，已经令我们疲于应付，这时，当梦想遭遇困境，我们又该怎么做呢？

马云并没有因为一开始的“教育梦”就不去创业，不去发展阿里巴巴，相反，他在每个领域都有相当的韧性，做阿里巴巴大获成功，也使得他现在更有资格更有底气来大谈特谈自己的“教育梦”。所以你看，不要幻想一步登天，世上没有捷径，只要梦想还在，踏踏实实，坚持努力，当你实现梦想的渴望足够强烈，身边的一切都会助你一臂之力。反而是那些因为生活困境、因为忙碌而丢掉梦想的人，他们并没有因为丢掉了梦想就变得更轻松。即便梦想不再是他们的负重，他们的人生也依旧艰难。因此，现实的无奈，实在不应该成为你放弃梦想的理由。

豪情壮志，并不多得，应该好好珍惜。梦想越是耀眼，通往梦想的路上，就越是荆棘丛生，充满艰难坎坷。因此，越是伟大的梦想，越容易被放弃。其实，我们需要多一些耐心和韧劲儿，可以把梦想划分为一个个小目标，分段去实现。我们需要更勇敢些，做自己人生的英雄，找到实现梦想的方法，一往无前。

波特定理：过于在乎自己的错误，就会失去尝试的勇气

许多人，一旦意识到自己的错误，便耿耿于怀。正所谓“一朝被蛇咬，十年怕井绳”，如果因为一次错误，就从此失去了尝试的勇气，这种“玻璃心”也一定是与成功无缘的。

英国行为学家波特提出：“总盯着下属的失误，是一个领导最大的失误。”这便是本章节我们要谈的波特定理。在企业管理当中，尤其是领导与下属进行沟通时，如果只盯着下属的过错，一味的批评，不仅无法达到沟通目的，还会引起下属的反感。如果先用赞美做铺垫，则会更加顺畅。

将这句话运用到我们自己身上，同样适合。对别人要宽容，要能允许别人犯错，对自己，则更应该如此。一个过分在乎自己过错的人，一次小小的错误，就可能对他造成巨大的打击和创伤，让他从此一蹶不振。

太在意错误，就会放大错误造成的影响。下面这则寓言就很好地说明了这一点。

【波特定理案例】

骆驼被人们称为“沙漠之舟”，是坚韧不拔、生命顽强的象征。可是，你相信，一块小石头就能打败一头高大健壮的骆驼吗？

一望无际的非洲荒原上，一只骆驼大步向前，它曾经翻山越岭，走过沙漠，躲过狮群，现在来到荒原，要寻找一片低洼水坑。

天气越来越热，骆驼经过多日的奔波，也有些不耐烦了。它走着走着，遇到被晒得滚烫的小石头，有些生气，拿脚去踢它们。结果一不小心，竟然被一块儿坚硬的小石头给划伤了脚，血流出来了……

骆驼十分恼火，粗声咒骂，狠狠地将小石头踢向天边，结果，伤得更重，血流得更多了，骆驼开始躁动不安，奔跑起来。鲜血洒在地上，鬣狗闻到血腥味儿，越发饥渴难耐，直扑向骆驼。骆驼东躲西窜，企图甩掉鬣狗，结果血流得越来越多。这时，大鹫也来了，从空中向骆驼发起猛烈进攻。骆驼仓皇逃窜，撞倒了高耸的蚂蚁巢穴。霎时间，几千几万只红蚁浩浩荡荡蜂拥而上。骆驼疼痛难耐，奋力奔跑，最后终于支撑不住，轰然倒地。蚁群队伍不断壮大，很快便覆盖了骆驼全身，骆驼也渐渐停止了挣扎。几天之后，骆驼倒下的地方，赫然耸立着一副高大的骆驼骸骨，令人触目惊心。

巍峨绵延的山峰、危机四伏的沙漠、所向无敌的狮群，都没有打败骆驼，结果，一块儿不起眼的小石头，却令高大健壮的骆驼丧命荒原。试想想，如果骆驼没有因为天气燥热而去踢小石头，又或者即便受伤了，冷静下来等伤口止血，而不是狂乱奔跑，事态也不会发展到这样可怕的地步。

其实，这则寓言里的小石头，就好比是我们曾经的一次小小的过错。如果你始终把它放在心上，太把它当回事儿，而久久不能释怀，那么它就真的会产生巨大的杀伤力，造成严重的后果。

我们为了成功，不畏艰险，跋山涉水，如果有那样一两颗小石头挡住去路，不必在意，要么跳过去，要么绕过去。摒弃无关紧要的障碍，我们才能走得更快、走得更远。

曾经的错误，我们可以拿来分析、学习，为我们接下来的路提供方向。但是内心，一定要学会放下，不要因为之前的错误，而自我怀疑，失去了再次尝试的勇气。要减轻错误给心理造成的负面影响，时常暗示自己：出错是正常的，每个人都会出错，知错就改，然后继续向前，不必为过去的错误而沉浸在悔恨自责当中。一个过分执着、盯着错误不放的人，相当于给自己戴上了沉重的枷锁，放大了一次错误造成的影响。

其实，世上没有什么是绝对的错误，有时我们所谓的失败，不过是小小的挫折而已。放眼整个人生旅途，成功之路坎坷不断，我们会不停地犯错，不停地遭遇挫折。但这只会令我们越挫越勇，令我们更加睿智，以更快的速度奔向成功。

一个不能坦然接受过错的人，也承受不起成功的喜悦，一个“输不起”的人，永远也“赢不了”。因为偶尔的犯错就否定自己，自我怀疑，自怨自艾，绝对成不了大事。投身于犯错的阴影不能自拔，就好比作茧自缚，最终深陷泥潭。

纵然，成功路上有万人阻挡，但是你自己一定不要成为自己的绊脚石。已过去的，适时放下，已发生的，坦然接受。佛教里说“苦海无边，回头是岸”，不必在内心苦苦折磨自己，轻松上阵，才能在下一段征途中大获全胜。

成大事者不拘小节，我们应该保持心胸宽广，坦荡豁达，放开手脚，阔步向前。“波特定理”告诉我们，多以正面的眼光看待事物，以积极的心态面对一切，哪怕是曾经犯下的错误。丢掉内心的顾虑，保持一往无前的勇气，唯有如此，你才能在严峻的竞争中屹立不倒。

心理调节法则：为什么你越担心的事，越容易发生

生活中总有一些不尽如人意的意外和偶然，面对这些意外和偶然，我们要学会调节自己的心理，墨菲定律中的心理调节法则教我们用积极的心态面对生活中的意外和“陷阱”。无论处在人生中的顺境还是逆境，只要我们学会调节自己的心理，就能从容面对所有的状况。

墨菲定律：担心某种情况发生，它多半会发生

不知道大家是否经常碰到这样的一幕？公交车上，手机好好地放在裤兜里，可你总担心人多弄丢了，于是你不停地去摸一摸、看一看。结果，你反反复复的动作吸引了小偷的目光，最终，小偷趁着人多拥挤，在你的眼皮子底下将手机偷走了；外出旅游的日子临近，你担心生病影响提前计划好的旅行，于是，你小心翼翼地照顾着自己的身体，害怕生病耽误了旅行，可出发前一天，你还是因肠胃不适生了病。迫不得已，你只好放弃了旅行计划。

有时候想想，发现生活还挺能折腾人的。我们越是担心某种情况发生，它多半就发生了。可能很多人心里会这样想：难道这是生活在故意刁难我，给我难堪吗？其实不是，最大的问题还是在于人们的心态。如果你过度地担心一件事，不能以一颗平常心去看待它，那么最终的结果就会让你大失所望，甚至与你的期望背道而驰。

心理学家把这种过度担心的心理状态称之为“墨菲定律”。墨菲定律又可称为“莫非定律”，除此之外，也有一些人诙谐地称之为“倒霉定律”。墨菲定律所表达的内容是：不管你如何谨

小慎微，也不管事情发生的概率有多小，你越是杞人忧天担心某种不好的情况发生，那么它多半会发生。

打个比方，穿高跟鞋时，你担心后面的跟折断，那么只要有这种可能性存在，不管何时何地，你就一定会经历一次；外出前，你每次都很认真地检查门窗有没有锁好，但无论你是多么细心的人，也会经历一次因粗心大意而忘记锁门的事儿；上班早高峰，你穿了一条白色的裙子，你担心会被吃早餐的人溅到油，没想到，这事还真的就让你碰上了……类似的情况多不胜数，很多人都会觉得自己很倒霉，并由此埋怨自己出门没看黄历，但其实，这是人们内心过度的担心与焦虑所引起的。下面例子中的李杰明就是在这种过度担心下导致了表演失败。

【墨菲定律案例】

对很多人来说，应该不会对高空走钢丝感到陌生吧！在一些电视节目或大型活动中会经常看到。这不仅是一项高难度的技术活，同时对表演者的心理素质要求也很高。

李杰明从事的就是这样一份充满挑战的工作，他是一家杂技团里小有名气的高空走钢丝演员。这次，他们团应邀来到某市一个大型活动现场表演杂技节目，作为团里的台柱子，李杰明自然也要表演他的拿手绝活儿走钢丝。因为之前都是在一些三四线城市表演，且观众也不是很多，所以他每次都能以一种平和的心态去对待，专心致志地沉浸在自己的表演中，并出色地完成任务。可是这次，面对台下热情而奔放的观众，他的内心开始不淡定了。他开始紧张，担心自己的表演会失利，他在后台不停地念叨着：这次演出对我来说真的很重要，只能成功不许失败，我一定要让这个城市的人都记住我的名字。

人们常说怕什么来什么，结果还真的是这样。李杰明在后台一直担心自己表演失利，把自己弄得特别紧张，结果在上台开始表演后没多大一会儿，他就因为注意力不集中而导致脚底一滑从钢丝上摔了下去。幸好下面有安全网拦着，他的腿只是受了一些轻伤，但接下来几个月，他都不能表演节目了，医生建议他卧床休息。

事后，李杰明的同事说，以往表演时他关心的是走钢丝本身，心无杂念，所以表演时都很成功。但这次他太重视成功了，内心过度担心与焦虑，所以才出了事。

由此可见，放松自己的心态，保持一颗平常心是多么重要！只有心无杂念，不过分计较事情的成败得失，拿得起放得下，才能全力以赴地做好每件事；反之，过分地看重输赢，瞻前顾后、杞人忧天，将自己置于一种紧张、焦虑、烦躁的状态中，这样的心态又如何能做好一件事呢？

难道我们在墨菲定律面前就只能听天由命了吗？当然不是，如果我们不想经历这些倒霉事的话，就要学会如何有效避免这些情况发生。关于如何避免，这里有几点建议：

★对负面情况提前做好预防工作

人们常说："不怕一万，就怕万一。"与其什么也不做，在心里过度担心事情的发展状况，还不如从事情的细枝末节上对负面情况提前做好预防工作，尽可能地将负面情况扼杀在萌芽状态。比如，早高峰期间，穿白色裙子担心被他人的早餐溅到油，那我们就不妨换一条颜色深一些的裙子，这样的话即使被不小心溅到油，也不容易被察觉到。如果确实想穿白色裙子的话，我们不妨换在周末人少的时候再穿。不管怎样，只要我们提前做好了预防工作，就能有效避免负面情况的发生。

★心态平和，遇事坦然面对

当不可避免地遇到一些突发状况时，也不要过分担心与焦虑，不要将结果看得太重要，不管我们所面临的结果是好的还是坏的，都应该保持心态平和，放松自己的心情。只有心态平和了，我们在对待问题、处理事情的过程中才能坦然面对，不紧张、不焦虑，保持良好的心理状态。

★适时提高自己的适应能力

生活每天都在不断地发生着变化，要想快速适应这个社会，就必须做出改变。比如，公交车上你害怕钱包被偷了，那你可以把包背在前面，或者尽量早点出门。试着从身边的小事做起，慢慢做出改变，来逐渐提高自己的适应能力。

晕轮效应：不要像看“日晕”一样看世界

“晕轮效应”也可称为“光环效应”，它是美国著名的心理学家爱德华·桑戴克于20世纪20年代提出的。从字面意思来看，可能有些人会误以为是晕轮船，所以简称晕轮。其实并不是，这里所说的“晕轮效应”是指用一种以偏概全、以点带面的认知印象，对一些人或事物做出评价与判断。即人们在对事物的认知和判断上由外在的因素开始，然后再逐渐扩散至事物的整体。受此影响，一个人身上的优点或缺点一旦被无限放大，其他方面的品质或特征就容易被掩盖。

人们常说“爱屋及乌”“情人眼里出西施”，其实这和“晕轮效应”都是同样的道理。就拿爱情来说吧，处在热恋中的男女，因为喜欢、爱，所以对方在自己的眼里就是完美无缺的。这也是热恋的一方被对方身上的某一个特点吸引后，受到“晕轮效应”的影响，所产生的略带偏颇的认知和判断。

事实上，“晕轮效应”在很多方面都可以产生作用，并不只局限于爱情这一方面。比如说，面试时，我们可以借助“晕轮效应”把自己最优秀的一面展现在考官面前，并以此来获得对方的信任，取得面试的成功；人际交往中，想让自己获得好人缘，也可以借助“晕轮效应”来提升自己受欢迎的程度。

可以说，“晕轮效应”在我们的生活中无处不在。需要注意的是，当我们在面对“晕轮效应”时，也要带着火眼金睛去仔细观察，不然我们就有可能被“晕轮效应”的假象所蒙蔽，从而做出一些错误的判断。下面案例中的黄飞平就是如此。

【晕轮效应案例】

黄飞平由于工作能力突出，被总公司“空降”到分公司做业务总经理。他到分公司还不到一个星期，就对副经理刘佰杰留下了深刻的印象。刘佰杰在黄飞平面前做起事情来不仅表现得干脆利落，而且还对黄飞平表现得非常热情。

黄飞平刚到公司的第一天，刘佰杰一见到这位总经理，便主动热情地打招呼，随后还主动带他熟悉了公司的各个部门，详细介绍了业务部门的一些流程和相关情况。凭着这良好的第一印象，黄飞平对刘佰杰好感倍增，并把他当成了自己的好哥们儿。但提起另一位副经理陈晓明，黄飞平就气不打一处来。在他的印象中，陈晓明好像根本没把自己这位总经理放在眼里，除了汇报工作外，几乎没和自己打过招呼。于是，黄飞平打心眼里认为：陈晓明是一个木讷呆板、不善交际的冷血之人。

有了这样的初始印象后，在接下来的工作中，黄飞平的内心便开始有所偏颇。对于刘佰杰的工作，他总是全力支持与配合；而对于陈晓明，他则爱搭不理，甚至有时还故意刁难。

很快便到了公司一年一度的先进个人评选活动了。按道理说，黄飞平是由总公司调过来的，再加上他在新公司上任后也陆续帮公司签下了几个大单，这个奖应该非他莫属，可最终的评选结果却是刘佰杰。百思不得其解的黄飞平，私底下向董事长秘书打探。结果才发现，原来刘佰杰私下向董事长告状，说他利用公司的资源做一些自己的私事。幸好，陈晓明副经理帮他作了证明，这才将事情压了下来。

从这个案例中，我们可以看出，黄飞平正是被刘佰杰所制造的“晕轮效应”所迷惑，从而做出了错误的判断，忽略了真心对待自己的人。

瞧，这就是“晕轮效应”带给我们的启示：在自己还没有真正了解一个人之前，千万不要被外表的假象所吸引，不要像看日晕一样看世界，更不要凭一时的好感就做出判断。

既然如此，那我们应该怎么做才能有效避免这种晕轮效应呢（如图 3）？以下几点建议值得一试。

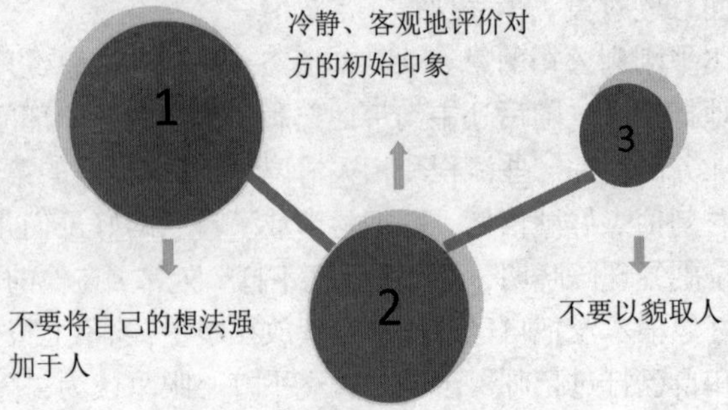

图 3　有效避免晕轮效应的方法

★不要将自己的想法强加于他人

正所谓千人千面，每个人的想法都是不同的，你喜欢的、你想要的并不代表别人也喜欢、也需要。因此，不管是在日常生活中，还是工作或其他方面，我们都不要将自己的想法强加于他人，以免引起他人的反感与厌恶。

★冷静、客观地评价对方的初始印象

虽然说第一印象非常重要，但我们在评价或判断一个人时，也要冷静而客观，不要仅凭第一印象的好坏就做出判断，更不要受到先入为主的影响。

★不要以貌取人

我们在判断一个人或了解一个人时，千万不要以貌取人，不要以对方的相貌来作为评判的标准，避免做出不合实际的评价与判断。应该全面综合地从对方的心理、行为、言谈等方面去做出相应的了解。

总之，“晕轮效应”所带给我们的影响是让我们的认知变得有限、不全面。因此，我们在日常生活中，一定要学会有效地避免。也只有通过全方位观察与深入地了解一个人后，我们才能对他做出合理而正确的判断。

不值得定律：别样的心态，别样的选择

在心理学上有一种经典的定律，叫“不值得定律”，意思就是“不值得做的事情，就不值得做好”。大多数人的内心深处其实都会存在着这样一种认知，如果所做的是一件不值得做的事情，那么就会在做的过程中抱着一种无所谓或敷衍了事的态度。因此，在这种情况下，人们取得成功的概率就会非常小，即便是侥幸取得了成功，内心也不会充满幸福感与成就感。

仔细想想，我们在日常生活中其实常常会做一些不值得做的事情，比如：准备了过多的复习资料，结果却发现有些根本用不着；晚上睡觉躺在床上回想的时候，才发现白天所做的事情根本没有任何意义。

事实上，做不值得做的事情，确实会给我们的生活带来一些负面影响。具体表现如下：

不值得做的事情会浪费时间和精力，如果不浪费这些时间的话，我们便可用这些时间做一些更有意义的事；

不值得做的事情如果做了，可能并不会得到他人的感谢与支持，或许还有人认为我们是多此一举；

不值得做的事情如果做了，可能会让我们处境尴尬，甚至引起他人的反感；

不值得做的事情如果做成功了，那么皆大欢喜，失败了，就容易在别人心中留下不自量力的印象。

除此之外，做不值得做的事情，还会让我们内心产生一种抗拒情绪，即便是因此而产生了一些骄人的成绩，但我们也会处于矛盾之中，无法真正快乐起来。

【不值得定律案例】

小美是一家艺术培训中心最有名气的舞蹈老师，可是舞蹈却并不是她喜欢的事，她最喜欢的其实是画画。为什么喜欢画画的小美最后却成了培训中心的舞蹈老师呢？原来，小美有次陪朋友去参加一个舞蹈比赛时，她和朋友合作的舞蹈引起了培训中心主任的注意。主任觉得小美是个不可多得的人才，于是将小美请到

了自己的培训中心做了一名舞蹈老师。虽然每天教孩子们练习，让小美的舞蹈精进了不少，但在内心深处，她依然热衷于画画。以前休息的时候，她经常会宅在家里画画。可是现在每天繁忙的教学工作让她已经很难再寻找到画画的灵感了，除了偶尔的灵光一闪外，很多时候她的内心都充满了苦闷与忧愁。对于小美而言，跳舞现在成了一件不值得做的事情。她的内心始终有一个声音在时刻提醒着她：我明明喜欢的是画画，可是我却在跳舞。

虽然，小美在舞蹈方面取得的成绩也是不错的，但她却始终开心不起来，终日郁郁寡欢、愁眉不展。

由此可见，我们在做事时，一定要选择自己喜欢的、值得做的事情，这样才能提升自己的能力，让自己变得越来越能干。

那么，什么样的事情才是值得做的呢？美国心理学家马斯洛说："人的内心普遍会有着这样一种需求，希望自己能得到大多数人的重视和认可，只有得到了身边人的认可，人们才会从内心认为这件事情是有意义的，是值得做的。"

比如说，你喜欢写作，那就努力将自己的作品写出一流的水平；你擅长做糕点，那就将做糕点的本领发挥到极致；你擅长沟通，那就将沟通的技巧合理地运用到人际交往中；你擅长弹钢琴，那就全力以赴发挥出自己最佳的水平……上天给予世间每个人的机会都是平等的，不管你出身如何，只要你想，只要你愿意，你都可以通过努力将你认为值得做的事情做好。只有尽最大的努力认认真真把一件事情做好了，才能更好地得到身边人的重视和认可，这件事情对于你而言，才是真正值得做的事情。

那么，我们应该如何判断一件事情是否值得做呢？通常来说，判断一件事情是否值得去做，最主要取决于以下三个方面（如图4）：

图4　判断一件事情是否值得的三个方面

★价值观

什么是价值观？价值观是指人们通过思维与感官所做出的一些认知、选择、评价或判断，同时也是一个人明辨是非曲直的重要依据。不管做什么事情，只有价值观相同，我们的内心才不会拒绝，才会满心欢喜高高兴兴地去做。

★个性和气质

在判断一件事情是否值得做之前，我们还要对照自己的性格特征和整体形象气质做一番比较。比如，一个性格开朗活泼、口才好的人，被安排去做晚会主持人，那么这种符合他性格特征和形象气质的事，就是值得做的。

★现实的处境

同样的一句话，同样的一件事，在不同的环境与场合下去做，其感受也完全不一样。比如，当你在一个不喜欢的项目里做基础程序员时，你可能会觉得每天的工作都很枯燥乏味，可能认为这些事情不值得做。但是当某一天你有了一个绝佳的方案，需要通过写代码来实现的时候，你就不会这样想了，你会觉得这件事情非常有意义，是值得做的。

总之，不值得定律告诉我们：别样的心态，别样的选择。但是当我们在某些情况下不得不做一些不喜欢的、自己认为不值得的事情时，最好的处理方式就是调节心态，把它当成值得做的事情去做。当你把不值得变为值得后，你会发现，生活不止眼前的苟且，还有诗和远方！

情感宣泄定律：请给情感一个宣泄的窗口

伴随着都市快节奏的频率，人们生活与工作的压力越来越大，以至于经常会碰到一些不太顺心的事儿。比如，早上出门堵车，导致上班迟到了；工作出了差错，遭到上司批评了；与朋友因为意见不合，发生冲突了……当这些不好的事情累积在一起而得不到合理的宣泄时，人们就很容易心理崩溃，并由此而引发一些心理方面的问题。

每个人在成长的过程中都会产生一些美好的愿望，当有的愿望因某些原因而没能实现或满足时，人的内心就会产生一些怨气。这种情况下，我们就可以用到情感宣泄定律：给情感一个宣泄的窗口，用一种倾诉的方式来宣泄自己的情感。例如；找一个空旷无人的地方，大哭一场或大声呐喊；用听音乐、做运动的方式让悲观的坏情绪得到合理的宣泄等。

需要注意的是，虽然说情感宣泄是有助于我们发泄心中怒火、转移自己坏情绪的一种有效方式，但我们在宣泄情感的过程中也要注意运用正确的方式，不要随意伤害或指责他人。

在现实生活中，许多人因为顾忌形象与面子，认为那些未能实现或满足的愿望，应当自我压抑和克制，不应该宣泄出来。但这种想法与观念其实是错误的，因为即使你使劲儿压抑和克制自己的坏情绪，坏情绪对你的影响依然无处不在。所以，我们只有将坏情绪合理地宣泄出去，才能让自己愤怒的情绪平复下来，才能开心快乐地过好每一天。

【情感宣泄定律案例】

小李是某公司的一名销售人员，他对待工作认真负责，销售业绩也不错。有次，上司交给他一件很重要的事情，千叮咛万嘱咐让他一定要把那个客户拿下，成功签下订单，小李也满口答应了上司。可谁知，信心满满的小李，在交谈的过程中却因无意中说错了一句话，而导致了订单失败。回到公司后，上司当着全公司人的面严厉地批评了小李，并指出了他的错误。受到批评的小李，觉得自己平时一直都很努力，就因为一个小小的疏忽就遭到这么严厉的批评，内心特别不满。小李满腔的怒气不能在公司发泄，只好竭力地压抑着自己的情绪，并自我安慰“忍一步海阔天空”。

可是，下班回到家后，小李觉得内心的愤怒情绪压得他有些透不过气来，甚至觉得心里堵得慌。而且，内心愤怒的他还把气撒在了自己的女朋友身上，虽然小李也知道这是不对的，毕竟女朋友是无辜的。于是，为了改掉这种不好的方式，也为了合理宣泄自己的坏情绪，他便在家听起了音乐。伴随着音乐的节奏响起，小李似乎沉浸在了音乐的氛围中，愤怒的情绪逐渐得到了释放，内心也开始平静下来了。

通过上面的这个案例，我们不难发现，当情感需要宣泄的时候，一味的克制和压抑是解决不了任何问题的，他并不会将你的坏情绪释放掉，反而还会影响到身边的人。

所以，想要做情绪的主人，想要让自己的情绪保持平静，我们就要给情感一个宣泄的窗口，让自己的坏情绪得到合理的宣泄。唯有如此，我们才能处变不惊，才不会让自己的坏情绪影响到他人，才会让周围的人喜欢我们、信任我们，愿意和我们交朋友。

那么，我们如何才能正确宣泄自己的情感呢？下面就让我们一起来看看具体的方法：

★学会合理地转移自己的情绪

在学会转移自己的情绪之前，我们先来看个小故事：

有家生产帐篷的工厂，因投资失利资金链断裂面临着即将倒闭的情况，所有的员工都陷入了一片恐慌之中。可这时，老板却不慌不忙在办公室和国外的好朋友打起了越洋电话，期间这位老板并没有提及自己公司的事情，而是与好友聊起了家常。挂断电话后，这位老板将所有员工召集起来开了一个动员大会，他说："因之前投资失利，我们的工厂已经快要倒闭了。我希望在工厂停工之前，大家再努力一次，做好最后一个订单的产品，证明我们昔日的风采！"正是老板这种临危不乱的气势感染了大家，于是大家都从悲观的情绪中走出来，全力以赴赶制了一批质量上乘款式新颖的帐篷，并得到了对方公司追加订单的机会，从而成功度过了这次危机。

如果说，这位老板没有及时转移自己的不良情绪，那么他也会和员工一样陷入恐慌中，甚至还有可能将自己辛辛苦苦一手打拼的公司拱手让人。所以，当我们觉得自己的情感需要宣泄时，不妨去做一些其他的事情，来分散自己的注意力，达到宣泄烦恼的目的。

★学会适当宣泄自己的不良情绪

当不良情绪滋生时，我们需要适当宣泄自己的不良情绪才能更好地调节内心情感。但值得注意的是，这里的宣泄并不是说要在自己的情绪濒临失控时宣泄，而是要在自己的不良情绪滋生时就要学会用倾诉或自我调节的方式来进行宣泄。否则，当不良情绪累积到一定程度时，我们就很可能会失去控制而引发一些不必要的冲突与麻烦。

★养成经常思考的好习惯

养成一个经常思考的好习惯也有助于帮助我们调节自身的不良情绪。因为一个经常思考的人，他的大脑思维会异常活跃，所以在面临一些难以应对的事情或突发状况时，他就会事先做出充足的准备，从而避免不良情绪的发生。

总之，我们只有学做自己情绪的主人，学会合理宣泄自己的情感，才能在任何情况下都保持一种乐观开朗的心情，才能更好地面对生活的酸甜苦辣。

曼狄诺定律：再苦再累也要面带微笑

“曼狄诺定律”又称“微笑定律”，是由美国作家奥格·曼狄诺提出的。曼狄诺认为，微笑是这个世界上最美妙、最动听的语言，能给人一种此时无声胜有声的感觉，而且微笑还是人际交往的最佳通行证，一个饱含温暖的微笑，可以轻易打动人心，快速拉近人与人之间的心灵距离。

俗话说“笑一笑，十年少”“笑一笑，明天会更好”。这些话无一不是在向人们展现着微笑的魅力。微笑更是促进人与人之间和谐沟通的桥梁，因为没有一个人会拒绝与面带微笑的人打交道。

美国心理学教授詹姆斯在通过一系列相关的研究后指出：当人们在微笑时，身上所有的肌肉都会处于一种最轻松、最松弛的状态，而且心理状态也会特别稳定。所以说，微笑是一种最正面、最积极的情绪表达方式。并且这种正面情绪还会通过沟通的桥梁传递给对方，让双方之间的沟通气氛变得融洽与和谐。

可以说，微笑的魅力无处不在。在日常的生活中，微笑还能帮我们化解一切尴尬与冲突，并为我们快速赢得一个好人缘。比如说，朋友之间的争吵、恋人之间的冷战、同事之间的矛盾、家人之间的误会、邻里之间的冲突、兄弟之间的隔阂，等等，都可以在微笑的魅力下，一笑置之。

所以，不管我们遇到什么艰难险阻，都要时刻保持微笑，一个真诚而发自内心的微笑是任何人都不会拒绝的。说到这里，让我们来看看下面案例中的这位空姐是如何用微笑化解矛盾的：

【曼狄诺定律案例】

飞机上，有位女士因身体不太舒服，所以在飞机起飞后便让空姐给她一杯水方便她服药。空姐听到后，非常礼貌地说："女士，为了您的安全，麻烦您稍等片刻，等飞机进入平稳状态后，我再给您送水，可以吗？"乘客点点头同意了，表示愿意延迟下自己吃药的时间。

20 分钟后，当飞机进入平稳状态后，女士左等右等发现空姐还没有将水送过来，于是便按下了乘客服务铃。听到铃响，空姐才突然想起了这事，于是她赶紧丢下手中的其他工作，端了一杯水到那位乘客面前，面带微笑地说："女士，非常抱歉，由于我的疏忽，耽误了您的吃药时间。"女士非常生气地说："难道顾客不是上帝吗？这点小事都办不好。"不管空姐如何道歉与解释，那位挑剔的女士都不肯原谅她。

在接下来的飞行途中，这位空姐为了弥补自己给顾客造成的不快，于是在每次去为其他旅客服务时，都会面带微笑地特意去关心和询问那位女士是否需要其他的帮助，但那位女士却并不理会空姐。后来在飞机即将到达目的地时，那位挑剔的女士突然要求空姐把留言本拿过来，很显然，她是要投诉空姐服务不周到。此时，空姐内心虽然害怕被投诉，但她还是面带微笑地将留言本拿给了乘客，说："女士，这是留言本。非常抱歉，给您的旅途带来了不快，请允许我再次向您表达我真诚的歉意，对不起！”听到空姐的再次道歉，那位女士并没有说什么，而是接过留言本，在上面认真地写了起来。

当飞机到达目的地乘客都陆续离开后，空姐打开留言本想看下乘客的投诉内容。但此时，她却惊奇地发现，留言本上并不是投诉，而是一封简短的表扬信。是什么原因促使这位挑剔的女士将投诉改为表扬了呢？信中有句话是这样说的：“在整个旅途中，你的服务都很好，并且你用真诚的微笑深深地打动了我，所以我决定放弃投诉！”

由此可见，微笑带给人的影响是多么的强烈。它不仅能轻易化解他人心中的不快，同时还能有效驱散人们心中的阴霾。既然愁也一天，笑也一天，那么当我们奔波在梦想的旅途中，为生活和工作的苦所累时，我们为何不试着给自己或他人一个暖心的微笑呢？笑一笑，你会发现生活更美好，当你对别人报以温暖的微笑时，别人也会用真诚的微笑来回应你。

微笑的产生其实很简单，一份愉悦的心情，一个积极阳光的心态，这些都可以让我们产生微笑。那么，我们应该怎样做才能保持微笑呢？以下几点方法或许可以给大家一些启迪。

★每天给自己一个希望

每天给自己制订一个小目标，让自己怀揣希望，并努力朝着自己的希望去前进。你会发现，正面积极而又充满希望的人生，会让你每天的生活都过得特别充实。而且在不同的希望中，你不必为了昨天而后悔，也不必为了今天而叹息，更不必为了明天而烦恼。

★把失败看作一种美丽的历练

人生不可能永远一帆风顺，苦难与荆棘也会与我们一起同行，所以人生的旅途中我们难免会遇到挫折和苦难。既然不可避免，那么我们何不把失败看作是一种美丽的历练呢？如果我们能以一种积极乐观的心态去看待失败，那不管再苦再累，我们都能微笑地面对生活。

★学会调节自己的情绪

人生不如意事十之八九，当我们不可避免地遇到时，千万不要封锁自己的心灵，更不要选择逃避。应该学会合理地调节自己的情绪，只有这样才不会让坏情绪影响了每天的心情。

以上三个方法，你记住了吗？只有学会合理运用这几种方法，我们才能随时保持微笑，随时让自己拥有一份快乐的好心情。

酸葡萄甜柠檬定律：只要你愿意，总有理由幸福快乐

在伊索寓言中有这样一个广为流传的故事：

一只狐狸在寻找食物的过程中，看到不远处的葡萄架上结满了密密麻麻的葡萄。又累又渴的狐狸对着这些葡萄垂涎三尺，非常想吃，可是由于身高的问题它却无法吃到这些葡萄。于是，内心有些失望的狐狸说："这葡萄肯定还没熟，说不定还是酸的。"说完，它便高高兴兴地离开了。其实，狐狸已经一天没吃东西了，肚子早就饿得"咕咕"叫了，看到而吃不到的葡萄让它更加饥饿难耐。但就因为它那句自我安慰的话，所以它很快就摆脱了沮丧的心情，转而期待接下来能找到的食物，心情变得快乐起来了。

可见，这不仅是一只乐观的狐狸，同时还是一只会自我调节、努力寻找快乐的狐狸。即便没有吃到葡萄，但狐狸的内心依然是快乐的。生活中，当我们的某些期望没有达成时，就应该学一学这只快乐的狐狸，学会自我调节。一旦我们用一种乐观的心态，换个角度去看待身边的事情，你就会发现生活原来也是五颜六色的。

说完"酸葡萄"心理，我们再来说一说与之相对应的"甜柠檬"心理。"甜柠檬"心理恰恰与"酸葡萄"心理相反，它是指人们对自己手里的东西，即使不满意不喜欢，也会固执地认为得到的就是最好的。这就好比一个人拿着青青的没有成熟的柠檬，却偏偏对别人说他手里的柠檬是熟的，味道是甜的。

所以，通过"酸葡萄甜柠檬"这个定律，我们发现同一件事如果从不同的角度，用不同的心态去看，其认知结果也会大不相

同。就比如，当你面临失败时，不妨想想“失败就是成功之母”，从失败中积累成功经验也是一种难得的收获；当你遇到渣男而分手，感叹自己遇人不淑时，不如想一想下一站更幸福；当你丢了钱包埋怨自己运气不好时，不如想想“塞翁失马，焉知非福”……要知道，世间任何事都有其积极和消极的一面，如果我们只看到消极的一面，那么就很容易让自己陷入痛苦之中；相反，若我们换一种心态和角度，从积极的一面去看待问题，那么你就会发现快乐其实很简单。

【酸葡萄甜柠檬定律案例】

王艳红是一个性格活泼开朗、积极乐观的人，虽然她平时在生活中也会遇到很多不开心的事，但她很善于调节自己的情绪，所以她每天都过得很快乐。艳红经常挂在嘴边的一句话就是：“人这一辈子，开心快乐最重要！”正因为如此，她身边的朋友都很喜欢和她在一起，觉得她是一个非常值得交往的朋友。

一次，艳红的朋友小丽失恋了，于是便找艳红哭诉自己的痛苦。艳红看着伤心不已的小丽，便道：“不就是失恋了吗？这也没什么大不了的。说不定下一站你会遇到更好的，后面的好男人都排着队等你来挑呢？再说，你总得给人家留机会吧，相信我，风雨过后，你会看到更美的彩虹！”

听到这一番安慰的话，小丽脸上终于露出了久违的笑容。接下来的日子，艳红还经常找小丽去散心，并不时地开导她、安慰她。没过多久，小丽终于走出了失恋的痛苦，变得开心快乐起来了。

可以看出，案例中的艳红确实是一个值得交往的朋友，能与她做朋友，是小丽的幸运。但生活中，我们不可能每个人都遇到这样知心的朋友，也不可能每一次都指望朋友为我们排忧解难吧！而这也是我们今天这节要讲的内容—酸葡萄甜柠檬定律：只要你愿意，总有理由幸福快乐！也只有学会自我调节情绪，我们才能用一种积极乐观且正面的情绪去影响和吸引他人，并受到大众的喜欢。

每个人在生活中都会遇到一些不开心、不快乐的事，而这其中又有很多事情是我们无法掌控和避免的。那么，这种情况下，我们又该怎么办呢？难道就要因此萎靡不振、痛苦哀伤吗？当然不，如果我们就此一蹶不振的话，那么只会让自己跌入黑暗的谷底，并从此与快乐无缘。

那么，我们应该如何做才能让自己变得快乐呢？以下几招，不妨多学学：

★学会自我调节情绪

只有自己快乐了，才能产生一种正面的、积极的、乐观而开朗的心态，才能把我们的正能量传播出去，才能将自己的快乐传递给身边的人。

★要学会修炼自己的内心

不管遇到任何事，我们都应以一种处变不惊的心态去坦然面对。只要内心足够强大，即使再糟糕的事情，我们也能轻易化解。把痛苦、烦恼、沮丧统统都给赶跑，把快乐留住，让快乐常伴我们左右。

正如法国作家罗曼·罗兰曾说的：“一个人如能让自己经常维持像孩子一般纯洁的心灵，用乐观的心情做事，用善良的心肠待人，光明坦白，他的人生一定比别人快乐得多。”所以，我们应该学会自我调节快乐，用一种积极的心态去面对生活，唯有这样，我们的人生才能充满光明和温暖。记住：只要你愿意，总有理由幸福快乐。

中　篇

要与同好争高下，不与傻瓜论短长

人际交往法则：为何现在的人越来越难相处

在人际交往中，一些特定的效应和法则也起着举足轻重的作用，它们影响着人际关系的建立和发展，揭示了人与人之间互相吸引的秘密。通过了解这些效应和法则，我们可以透视人际关系的本质，掌握与人交往的诀窍。如果我们能灵活运用这些人际交往法则，就算遇到再难相处的人，我们都能做到游刃有余。

首因效应：在看脸的时代，如何塑造第一印象

在这个看中颜值的时代，要么你天生丽质拥有让人一眼惊艳的高颜值，要么你后天努力化妆打扮，否则将很难给人留下美丽的第一印象。遗憾的是，在现实生活中，大多数人都只是普普通通的平常人而已。

人际交往中，第一印象十分重要。心理学中的“首因效应”，即“第一印象效应”告诉我们：交往双方产生的第一印象是最牢固、作用时间最长、最不容易改变的，而且它还影响到后期双方对彼此的评价。

在首因效应的影响下，如果我们给别人的第一印象很好，那么在以后的交往中，对方会更愿意发现我们的优点和美好品质。如果我们给对方的第一印象很糟糕，那么对方就会一直盯着我们的缺点或者把我们往不好的方面想。

第一印象是非常主观的，会直接影响之后的一系列行为。而且，一旦让别人产生了不好的第一印象，那么无论我们以后怎么努力，都很难扭转这个坏印象。所以，在与别人初次见面时，一

定要给人留下美好的第一印象。

心理学家发现，第一印象在 45 秒以内就会产生。也就是说，在初次见面时，对方只要稍微观察一下我们，就会对我们产生第一印象。在人际交往中，我们要充分利用首因效应，利用好这短短的 45 秒，给对方留下好印象，为以后的交往打好基础。

第一印象分为外在印象和内在印象。外在印象主要包括性别、年龄、衣着、姿势、面部表情等表面特征。在这个看脸的时代，每个人都是视觉动物，在一些场合中，外在形象会对我们产生很大的影响。所以，我们平时一定要注意自己的仪表，用良好的外在形象为自己增光添彩。内在印象就是一个人的谈吐、举止、体态等方面反映出来的内在修养、个人素质和个性特征。给别人留下良好的第一印象不光要注重外表，礼仪和修养也是十分重要的。如果一个人表现出良好的礼仪和修养，会让人对他多一份好感和信任。

下面案例中的销售员就用她的礼貌和诚实的举动，给顾客留下了良好的第一印象。

【首因效应案例】

小黄是一名饮料公司的销售员，她所在的公司最近推出了新产品，她通过电话联系了新客户，准备带着产品上门为客户介绍。小黄和客户约定见面的时间是周二下午两点半，当小黄按时赶到客户公司时却发现客户有一个临时会议。小黄得知情况后并没有选择离开，而是留在客户的公司一直等着客户开完会。

可是，客户的临时会议出了一些状况，本来三点半就能结束的会议一直开到了五点多。客户开完会后，惊讶地发现小黄还在等着他，他对小黄说："真是不好意思，让你等了这么久，我没想到你会一直等着我。"小黄笑着对客户说："没关系！本来就是我来打扰您，您现在还有时间吗？如果您今天没时间的话，我下次再联系您。"客户忙说："不不不，是我耽误你的时间了，你今天就给我介绍介绍产品吧！"

客户听完小黄的介绍后，当即就订了一批货。因为他对小黄的第一印象非常好,觉得小黄守约、踏实,是一个人值得信赖的人。

小黄来到客户公司后一直守约等候着客户，给客户留下了不骄不躁又诚实守信的第一印象，所以客户虽然是第一次和小黄见面，却非常信任她，马上就从她手里订购了产品。从小黄的故事中，我们可以看到，良好的第一印象能为我们带来很大的益处。

在人际交往中，美好的第一印象就像一层美化滤镜，能让对方自觉忽视你身上的其他缺点。负面的第一印象则会让对方不愿意继续了解你，即使你身上还有很多优点。

既然第一印象是如此的重要，那么，在人际交往中，我们要怎样才能给别人留下美好的第一印象呢？下面五点建议可以参考（如图 5）：

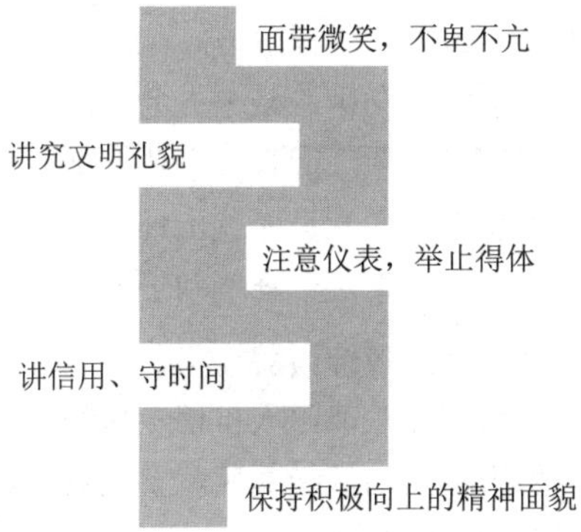

图 5　给别人留下第一印象的方法

★面带微笑，不卑不亢

在第一次见面时，微笑能传达我们的友好和善意，拉近彼此间的距离。不过，微笑也要有度，大笑或者不停地笑都不够庄重，也有讨好之嫌。我们在表达友善时，一定要保持不卑不亢的态度。尤其是面对一些社会地位较高的人，过分的巴结和讨好会让对方轻视。

★讲究文明礼貌

要给人留下美好的第一印象,我们的言行举止都必须要文明、礼貌。满口污言秽语的人会让人感觉粗鄙，举止不文明的人会让人怀疑他的道德品质。文明礼貌是我们自身素质和修养的体现，所以和别人第一次见面时，要多用礼貌用语，而且行为举止要讲究礼仪。

★注重仪表，举止得体

整洁美丽的仪表、高雅得体的举止、温和亲切的态度都是人内在修养的一部分。在别人还不了解你的情况下，邋遢的外表和过分随意的举止都容易让人产生误会，给别人留下不好的第一印象。不过，注重仪表并不是要你满身名牌、穿金戴银，因为过分的修饰反而会让人觉得你肤浅。简单大方，适宜场合的打扮就可以。

★讲信用，守时间

在快节奏的现代社会中，每个人的时间都很宝贵，不守时的人很难让别人产生好印象。而且人们还会把不守时和不守信用联系在一起。如果与人第一次见面就出现不守时的情况，会给对方留下非常不好的第一印象，十分不利于人际关系的建立。

★保持积极向上的精神面貌

积极向上的精神面貌能给人自信、乐观、坚定、可靠的第一印象。想保持积极向上的精神面貌就要做到外表上衣着整洁，与人说话时双目有神、眼神正视对方。走路时步伐坚定，说话做事自信果断。

只要做到了以上几点，我们就能在与人初次见面时，给对方留下美好印象。不过，有时候第一印象也具有一定的欺骗性，“首因效应”也会误导我们。所以我们在与人交往时要注意用心观察和分析，尽量不要仅凭第一印象就给对方定性。但是，对于我们自己来说，给别人留下良好的第一印象却是非常重要的，只有建立了良好的第一印象，才能为以后的交往打下基础。

刺猬法则：小心越界！把握好人际交往的安全距离

寒冷的冬天里，两只刺猬想要依偎在一起取暖。可是，当它们彼此靠近的时候，都被对方身上的刺扎得疼痛不已。它们因为忍受不了疼痛而分开时，又差点被冻死。最后它们在不断尝试中，找到了合适的距离，保持这个距离它们既不会被彼此的刺扎到，又能互相取暖。

其实，我们每个人都像这两只刺猬一样，很想与人接近、与人交往，但是又想保留自己的私人空间。这个私人空间是我们的堡垒，一旦遭到“侵犯”就会让我们感到不适。所以，在人际交往中，我们既渴望亲近，又希望保持一定的距离。心理学家把我们的这种心理现象称为“刺猬法则”。

刺猬法则要求我们在人际关系中保持适当的距离。虽然，人与人之间有相互需要、相互帮助的需求，但是保持适当的距离能为彼此保留私人空间，只有有了私人空间，我们才会有安全感，才能信任他人。

在人际关系中，如何保持适当距离是一门大学问，如果把握不好其中的度，就会给自己和他人都带来伤害。下面案例中的丁小云就是因为没有注意这一点，才让自己吃了亏。

【刺猬法则案例】

丁小云是一个热情开朗、勤快好学的人，而且工作能力强，很受公司领导的赏识。丁小云所在部门的张经理在工作上特别倚重她，平时对她也很照顾，公司有什么福利或者机会总是想着她。丁小云对张经理非常感激，也经常帮张经理办一些琐事。由于两人住得比较近，丁小云还经常搭张经理的便车，她和张经理的私人关系也越来越好。

有一次，公司加班结束后，张经理让大家先走，他自己还有一点工作要处理。丁小云在公司楼下吃过晚饭后，想起张经理还没吃饭，于是就打包了一份晚餐给张经理送去。丁小云到了张经理的办公室门口，也没有敲门就直接推门进去了，结果张经理的妻子已经给张经理送来了晚饭。张经理很惊讶，而他的妻子则表现得有点生气。

事情过去没几天，张经理的妻子给丁小云打电话，希望她和张经理保持距离，而张经理也对她疏远起来。最严重的是，公司里竟然传出了风言风语，说丁小云和张经理关系暧昧。消息越传越厉害，让张经理和丁小云都很尴尬。最后，公司只好把丁小云调走。

案例中的丁小云因为和张经理走得太近，让张经理的妻子和同事们产生了误会，让张经理也感到不安。最后，她不仅被流言蜚语伤害，还错失了一个很有前途的工作岗位。在现实生活中，很多人都和丁小云一样拿捏不好与人的距离。有的人表现得过于冷淡，和身边的朋友关系越来越疏远；有的人则太过热情，对人过分亲昵，“侵犯”了别人的私人空间而不自知。这两种情况，都会导致人际关系紧张或者失去朋友。

那么我们究竟应该怎样把握人际关系中的距离呢？人与人之间应该保持多远的距离才合适呢？美国人类学家爱德华·霍尔博士为我们做出了解答。他把人际关系中的距离根据不同场景划分成了四种（如图 6）：

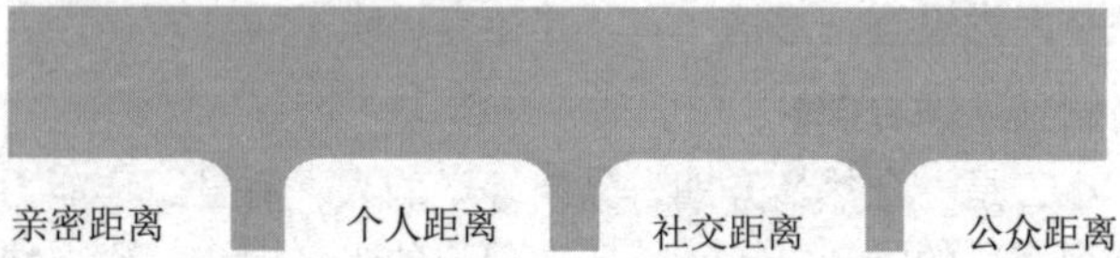

图 6　人际交往中的四种距离

★亲密距离

亲密距离是人际交往中的最近距离，就是我们常说的“亲密无间”。这种亲密的距离在空间上的体现是 15cm。身体上的接触表现为互挽手臂、促膝长谈等。这种距离仅限于情感关系十分亲密的人，比如感情很好的家人、朋友或者情侣、夫妻之间。

在人际关系中，如果我们和对方不是这样亲密的关系，就不应该闯入对方的亲密距离内，这样做不仅会自讨没趣，还会引起对方反感。

★个人距离

个人距离比“亲密无间”的距离要稍远一些，双方之间比较少有肢体接触，在空间上的体现是 46 ～ 76cm，在这个距离里，双方可以亲切友好地握手和交谈。这是熟人之间的距离，陌生人闯入的话会很不受欢迎。

亲密距离和个人距离通常都适用于非正式场合，而在正式场合我们就要注意保持社交距离。

★社交距离

社交距离适用于正式场合中双方礼节性的交往，远远大于亲密距离和个人距离。在一般的工作环境和聚会中，人们通常应该保持 1.2 ～ 2.1m 的距离。在更加正式的场合，比如面试或者正式会见中，这个距离一般在 2.1 ～ 3.7m。

空间上的距离，其实也反映了心理上的距离，在工作场合中，我们尤其要注意和同事、领导保持适当的距离，不要过度关注他人隐私。

★公众距离

这个距离通常是指演讲者与听众之间的距离，在空间上大约为 3.7 ～ 7.6m。在这个距离中演讲者和听众之间不一定会发生联系，更适用于单方面的演说。

了解了以上 4 种人际交往中的距离，我们就能判断出对方所需要的私人空间和适当的交往距离，这样我们就能在交往中把握适当距离，既不疏远对方，也不“侵犯”对方的私人空间，让人际交往更加顺畅和谐。

沉默定律：该争的一定要争，不该争就请闭嘴

沉默定律又叫“沉默的螺旋”，这个定律说明了这样一种现象：人们在表达自己观点的时候，如果自己赞同的观点受到大多

数人的肯定，就会积极地支持，那么这类观点就会扩散得更快。如果自己赞同的观点很少有人支持，或者受到大多数人攻击，那么即使心里再赞同也会保持沉默。这样的结果就是，一方的声音越来越大，而另一方的声音越来越小，最终形成“沉默的螺旋”。沉默定律为什么会产生呢？那是因为，发出与“主流意见”不同的声音就有可能被孤立，而大多数人都不想自己被孤立。

沉默定律会导致一个问题，那就是：一群人得出的结论，有可能不是经过思考和验证而得出的，而是对主流意见的默认。但是，主流意见有时候不一定是正确的，当少数人的想法与主流意见不同时，他们可能迫于压力而不愿说出自己的真实想法，只好随波逐流，这样就造成了一些人在集体中心口不一，内心也十分压抑。

我们在人际交往中，也会遇到这样的情况。我们每天都生活在各种各样的环境中，需要和不同的人群打交道，也经常会遇到和我们想法不一致的甚至不正确的“主流意见”。面对这种情况，我们究竟是要“随波逐流”地融入大家，还是要坚持当一个“少数派”呢？小严的例子也许能给大家一点儿思路。

【沉默法则案例】

小严最近新加入了一家公司，他发现自己所在的部门有个不好的习惯，那就是—加班。小严第一天上班时就发现，到了下班时间部门里所有的同事都稳稳地坐在办公桌前，没有人下班。小严觉得很奇怪，他想有可能是大家的工作没做完，于是当天下班时，他也没多想，时间一到就打卡离开了公司。

结果，第二天一早，主管就找到小严，对他说：“昨天大家都留下来加班，你怎么走了？第一天上班，态度要端正。”小严听了主管的话后就明白了，原来加班不是工作没做完，而是要在主管面前表态。

后面几天，小严没有到点就走，而是跟大家一起加班。他在“加班”时观察到，同事们有的在偷偷看电影，有的在“磨洋工”，反正没有一个人是在工作的。而且，因为这种“加班”的风气，大家白天工作效率都不高，很多事都是能拖则拖。

这样过了一段时间，小严决定要说出自己内心的想法，他不希望再进行这样无意义的“加班”。不过，小严想了一个办法，他把自己白天完成的工作整理成工作日志发给主管，再向主管说明工作已经完成了，就按时下班了。每天的工作中，小严都特别认真，他的工作也多次得到了大领导的认可，主管也再没找他谈过加班的问题。

这样做了一段时间以后，小严发现其他几位工作效率很高的同事也加入了按时下班的队伍。渐渐地，大家都开始按时下班，白天的工作效率反而提高了。

案例中的小严，是反对无意义加班的，而且他没有像其他人一样选择沉默和随大流，而是勇敢表达了自己内心的真实想法，不仅用自己的智慧和勇气打破了沉默法则，还带动了那些不愿加班却选择沉默的同事。小严的故事告诉我们大多数人的意见和做法不一定是正确的，如果我们有合理的诉求就要想办法提出来，不要因为自己是少数派就沉默下去。当然，我们在提出自己的诉求时也要讲究方法。

沉默法则可以让我们更好地审视我们的人际关系和生活，让我们思考为人处世的方法，让我们更清楚什么时候应该“沉默”，什么时候应该“发声”。不该争也不必争的事情，我们可以选择沉默，但是遇到该争的事情时，我们就不应该选择沉默。

在人际交往中，我们都会面临“主流意见”的压力，要怎样做才能在沉默法则的影响下，保持自己的独立性，维护自己的利益呢？下面有三点建议：

★融入积极正面的环境中

如果身边的人都勤奋努力，正直善良而且积极向上，那么我们也会受到他们的影响。这就是沉默法则带来的积极影响，大家都勤奋努力，那么我们也会不甘落后。所以，我们要让自己融入一个积极向上的环境，让沉默法则成为我们的助力。

★勇于在不正确的“主流意见”中保持独立性

在负面的环境和氛围中，不正确的“主流意见”会给人带来不好的影响。比如，有的大学生群体中攀比成风，其中有些学生本身家庭条件一般，但是受周围同学的影响，也养成了花钱大手大脚的习惯，甚至为了追求金钱而走上了歪路。

在这种不正确的“主流思想”面前，我们不应该保持沉默，更不要选择随波逐流。而是要勇于保持自己的独立性。

★不刻意迎合“主流意见”，顺其自然

在人际交往中，我们要学会正确地取舍，有些“主流意见”不需要刻意去迎合，因为我们每个人都有自己的人生，不必为了别人的眼光而委屈自己。而且，有些无关紧要的事情，我们没必要去争，更没必要去迁就任何一方。

沉默法则在人际交往中十分常见，它既有积极作用，也有消极作用。只要做到了上面的三点，我们就不必害怕沉默法则，反而可以利用它。最重要的是，我们在人际交往的过程中，要有明辨是非的能力，要有自己的主见，这样才能保持自己的独立性。

白痴定律：和白痴争辩就是拉低智商

西方有一句谚语：“别试图教猪唱歌，这样不但不会有结果，还会惹猪不高兴。” 这句话告诉我们，永运不要和白痴争辩，因为你永远不可能说服他，只能白费功夫。因为白痴们总会给自己找到无数不可思议的理由，还会用他自己的那一套逻辑打败你，和白痴争辩你永远都不会取得“胜利”。

如果你坚持和白痴争辩，那么你的智商就会被拉到和白痴同一水平，争辩的结果无非就是你被气得半死，或者白痴恼羞成怒，而在别人眼里，你们两个都是白痴。白痴定律告诉我们：跟一个白痴争论永远得不出任何结论，只会得到另一个白痴。

就算对方不是白痴，我们也没有必要和他进行无谓的争论，因为无谓的争论是世界上最没有意义的事。戴尔·卡耐基说过：

“争论的结果使双方比以前更相信自己绝对正确。要是输了，当然你就输了，如果赢了，你还是输了，因为争论赢不了他的心。”

在人际交往中，无论对方是不是白痴，只要没有涉及原则问题，我们都要尽量避免无谓的争论。如果认为自己是对的，就坚持去做自己认为正确的事，不要在无谓的争辩上浪费时间和精力。如果对方一直胡搅蛮缠，我们可以想一想对方的动机，他会这么做也许是因为愚蠢，而不是出于恶意，我们不需要和白痴争辩。

下面例子中的小徐就遇到了一个胡搅蛮缠的人，他是怎样应对的呢？

【白痴定律案例】

小徐是一名小学老师，今年，因为五年二班的班主任方老师休产假，小徐临时受命，担任了该班的班主任。方老师在和小徐做工作交接时，特意提醒他班上有一位家长特别不好打交道。这位家长是班上张明明同学的家长，张明明是一个学习认真、对人有礼貌的男生，小徐当时并没有把方老师的话放在心上。

谁知道开学不到一个月，张明明的家长就找到了学校，他怒气冲冲地对小徐说：“老师，你给孩子留的作业太多了，我们孩子每天都 11 点才睡，这样下去身体怎么受得了！”小徐很惊讶，因为他留的作业都是适量的，而且，其他同学每天 9 点多就能做完作业。

小徐打电话向家长反馈了情况，并提醒他们注意帮助孩子提高学习效率，可是张明明的家长再次来到学校，还以小徐不负责任为由要求学校换班主任。小徐得知后，找到张明明了解情况。原来，张明明的父母每天下班晚，就把张明明放在晚托班，晚上 9 点多才去接他，回到家就已经十点多了，整理完上床睡觉时就已经到了 11 点，并不是做作业做到这么晚。张明明的家长不找自己的原因，反而怪小徐，还跑到学校胡搅蛮缠。

小徐面对这样的情况，没有继续和家长争辩，而是继续做好教学工作，对张明明依然很关心，这样的举动最终赢得了班里其他家长的支持，换班主任风波就这样平息了下去。

在人际交往中，我们常常会遇到张明明家长这样不讲道理、胡搅蛮缠的人。面对这样的人，案例中小徐老师的应对方法就是不予理会，并坚持做好自己的本职工作，用行动证明自己。

无谓的争辩既破坏人际关系，也不能给工作和生活带来任何益处。因此，避免无谓的争论，才是一种明智的策略。那么，在平时的人际交往中，我们要怎样做才能避免和“白痴”发生无谓的争辩呢？

★提高自己的格调

在人际交往中，有些人自己境界不高、能力不强，却喜欢恃强凌弱，通过压制别人来抬高自己，这样的人最喜欢做无谓的争执。我们要避免成为这样的人，就要提高自己的格调，专注自己的生活和事业，追求真正的高境界。当我们有了宽广的胸怀和绝对的自信，就不会再和别人发生无谓的争辩。

★不以势压人

如果我们要避免发生无谓的争论，就不要用“以势压人”的方法来强迫别人接受自己的观点和想法。因为这样做会引起对方的“逆反心理”，就算无理也要搅三分。平心静气地与对方沟通，对方也会回归理性，不再胡搅蛮缠。

★抢先进行自我批评

有的人喜欢揪住别人的错误不放，并不断地挑衅别人，引起争执。面对这样的人我们可以“先发制人”，抢先承认自己的错误，让他无话可说。而且我们主动承认错误会让对方的自尊心得到满足，他就不会再主动挑起争辩。

★用夸奖让对方服软

在人际交往中，我们会发现有的人吃软不吃硬，如果一味地指责他的过失，他不仅不会认错，还会变本加厉。但是当我们夸奖他时，他反而会意识到自己的错误，不再和我们针锋相对。所以，适时的夸奖可以化解无谓的争辩。

★用不理会的态度面对无谓的争执

虽然我们时刻都在避免不必要的争执，但是争辩总是无法避免。因为人与人之间的分歧是永远存在的，总有一些人喜欢无事生非。所以，当无谓的争辩不可避免时，我们也不要把自己的时间浪费在争论上面，而应该采取“不理会”的方式去应对。不理会、不反击的做法看似是在示弱，实际上却显示出了我们强大的内心和淡定的态度。而且，我们这种不为所动的态度会让对方自讨没趣，争辩自然就进行不下去了。

和“白痴”进行无谓的争辩不能带来任何好处，只会影响我们的情绪。所以，我们要善用以上五种方法避免毫无意义的争辩。

互惠关系定律：天下没有免费的午餐！要得到，先付出

在生活中，我们都不愿意欠下“人情债”，结婚或者生日收到了亲友的礼金，我们一定会牢牢记在心中，下次再找机会“还人情”；同事给我们帮了忙，我们一定会想办法回报。对于别人的帮助和恩惠，我们无法做到无动于衷，总会想办法用其他的方式来回报别人。而且，我们也常常会有这样的心理：反正是一点小事，不如做个顺水人情，说不定以后也会有麻烦对方的时候。在人际交往中，这种互惠互利的交往原则被称为一互惠原则。

所谓互惠原则，就是受到恩惠后必须想办法偿还的心理。人们在获得别人的恩惠以后，一定会试图回报对方。也就是说，他人给了我们好处，我们会想办法回报。同样地，我们给了他人好处，他人也会设法回报我们。

互惠原则的核心就是：相互交换，互惠互利。正所谓“投我以木桃，报之以琼瑶”。如果别人帮助了我们，我们就要帮助他，或者以其他形式来回报他；如果别人送了我们礼物，我们也应该回礼。反之，别人对我们也会如此。

互惠原则告诉我们：在人际交往中，要想对方对我们好，我们就要先对对方好；要想别人把我们当朋友，我们就要先把对方当朋友。

在人际交往中，我们每个人都希望能从别人身上获得利益和帮助。但是，大多数人都不愿意无偿地为别人付出，而那些只知

道索取的人也注定不会有稳定和谐的人际关系。所以，我们在人际交往中必须遵守互惠原则，切记天下没有免费的午餐，要得到就必须先付出。

下面案例中的周伟就是因为没有意识到这一点，才让自己的人际关系陷入了危机。

【互惠原则案例】

周伟是一个热情开朗、不拘小节的人，他毕业于名牌大学，有海外留学的经历，事业上也是顺风顺水。可以说，他除了人缘不好，哪里都好。

单位里的同事都不太喜欢他，觉得他优越感太强，太自以为是，平时会在背后偷偷议论他："他太把自己当回事了，每次都让别人帮他发传真、印文件，这么厉害怎么不申请配个私人助理啊！""动不动就让人帮他带饭，凭什么啊！"但是，周伟自己却没有察觉到同事对他的不满，依然很喜欢指使同事给他帮忙。渐渐地，同事们开始找各种理由不愿意帮他，平时在公司也不愿意搭理他。

有一次，一位同事外出见客户时忘了拷贝一份重要资料，恰好周伟有这份资料，这位同事就拜托周伟帮忙把资料通过邮件传过去。可是周伟却以工作忙为理由拒绝了，那位同事没办法，只好自己回公司拷贝资料。

又过了一段时间，周伟想找那位同事借自行车，他还没把话说完，那位同事就一口回绝了。那位同事直接说："我的车坏了。"其实，那位同事的自行车根本没坏。随着类似的事情越来越多，周伟渐渐发觉自己被同事们"孤立"了。事实上，之所以造成这种局面，正是因为他总是麻烦别人，别人需要他的时候，他却连一点小忙都不肯帮，在大家心目中他就是一个自私的人。

案例中的周伟本性并不自私，他只是把自己看得太高，把别人对他的帮助看成是理所当然。周伟的眼中只有自己，没有他人，完全没有意识到人际交往是要互惠互利的，只有付出了才会有回报。他一味地索取，从不付出，所以同事们都不愿与他交往。

在人际交往中，每个人的付出和得到都应该是对等的。我们与人交往时必须保持互惠互利，这样才能建立良好的人际关系。

而且，互惠原则是人的一种本能，大多数人都无法心安理得地享受别人的恩惠，如果不回报对方，他们的内心会感到不安。在人际交往中，只有充分利用互惠原则，帮助他人，才能方便自己。毕竟，这世上没有免费的午餐，要想得到，就必须先付出。

那么，我们应该怎么做到互惠互利呢？下面有三点建议：

★用平等的态度对待他人

这个世界上的每个人在人格上都是平等的，我们在人际交往中，要用平等的态度对待每一个人，不能轻视他们，或者因为自己的一点长处而自高自大。我们应该尊重每一个人，跟他们平等交往，他们不需要我们的施舍，我们也不可以一味地索取。

★积极帮助他人

我们常说“赠人玫瑰，手有余香”。帮助他人也是帮助我们自己。每个人都会有遇到困难的时候，在别人需要帮助时，我们伸出了援手，那么当我们陷入困境的时候，也会有人帮助我们。不管是为了别人，还是为了自己，我们都应该积极帮助他人。

★增加自己的“利用价值”

既然互惠原则的核心是互惠互利，相互交换，那么“利用价值”越高的人就越容易受到大家的喜爱和欢迎，因为这个人能给大家提供更大更多的帮助。其实，在人际交往中，人们会有一定的价值倾向，如果一个人值得交往，人们就会去建立并保持与他的关系。虽然这种说法有些功利，但是人们都希望自己和朋友之间能互惠互利、保持平等。所以，我们应该增加自己的“利用价值”，去做一个“值得”交往的人。

我们的人际交往应该是建立在互惠原则基础上的，所以，我们要时刻提醒自己：没有付出，就不会有收获，要平等、友善地对待身边的每一个人，力所能及地为他人提供方便。在人际交往中，只有遵守互惠原则，才能让自己更受欢迎。

自我暴露定律：抛开“完美”人设！小缺点让关系更亲密

不管在工作中还是在生活中，我们总是害怕暴露缺点，拼命塑造自己“完美”的形象，希望获得更多人的喜爱。但是这种“完美无缺”对我们的人际交往真的有帮助吗？虽然各方面都很平庸的人不会受人追捧，但毫无缺点的人也会让人敬而远之。人际交往中最受欢迎的，往往是那些很优秀但又有一些小缺点的人。

心理学家经过研究发现，一个人适当地暴露出自己的缺点，不但不会惹人厌烦，反而会给人真实可信、容易亲近的印象，而“完美无缺”的人会让人感觉到无形的压力，给人虚伪、做作的印象。这种现象在心理学上被称为“自我暴露定律”。

在人际关系中，适当的自我暴露能让我们和朋友的关系变得更亲密。回想一下你身边最好的朋友，他们身上的缺点是不是丝毫不影响你对他们的佩服和喜爱？

在自我暴露定律的影响下，我们都不喜欢和自己差距太大的人交朋友，因为那种遥不可及的感觉会让我们产生心理压力，而且他们的优秀会进一步衬托出我们的平庸。其实，我们并非不喜欢优秀的人，优秀的人也并非不值得我们敬佩和仰慕，只是，当这些优秀的人完美得毫无瑕疵时，我们就会感到压力。因此面对那些看起来太完美的人，我们往往会选择逃避或者拒绝。不过，当他们犯错时，我们又会觉得他们与我们的距离拉近了，因为他们也变成了和我们一样的普通人。

所以，我们在人际交往中也要学会适当暴露自己的缺点，不要当一个“毫无缺点”的人。要知道，没有人能真正地十全十美，表现得过于完美反而会让人觉得虚假和难以接近。

下面案例中的唐敏就是同学们眼中“完美无缺”的人，而她的“完美”却让她交不到知心朋友。

【自我暴露定律案例】

唐敏是一个聪明漂亮的女大学生，她擅长交际，对同学也十分友善亲切，可她的身边却没有一个说知心话的朋友，而且也没有男生追求漂亮又优秀的她。对于这种情况，唐敏自己也感到十分郁闷，她想不通为什么没人愿意和她当朋友。

关于唐敏的困扰，身边的同学都知道原因。同学们表示唐敏是一个很神秘的人，没有人能真正走近她、了解她。之前追过她的男同学也说：“刚开始认识她时，觉得她是个活泼外向的女孩，但是时间长了，我就发现她的内心其实很封闭，对谁都不愿意敞开心扉。”原来，唐敏在和同学们交往的过程中，从来不谈自己的私生活，连不涉及隐私的部分也不愿意透露，而且很少谈及自己对事情的看法。久而久之，同学们就觉得她神秘而且难以接近。

其实，生活中有很多像唐敏这样的人，他们虽然擅长交际，但和谁都不交心，把自己的内心封闭起来，不愿意吐露自己的心事，也不愿暴露自己的缺点，总是对自己的事情讳莫如深。但是“人之相知，贵在知心”，想要和别人成为知心朋友，就必须适当地表露自己的真实想法，坦率地暴露自己的缺点。对对方说出心里话，才会让彼此的关系变得更亲密。

当我们向别人暴露自己时，对方却对我们隐藏自己，我们的心里一定会感到不舒服。将心比心，如果对方向我们敞开了心扉，我们却还要保持“完美”，对方一定不会愿意和我们做朋友。在人际交往中，只有适当地暴露自己，向对方敞开心扉，才能获得对方真心的喜爱，也许还会获得一个亲密的知心朋友。

在人际交往中，自我暴露能赢得他人的好感，但是过度暴露却会惹人厌烦。有的人喜欢不分场合、不分时间地和别人讲自己的私事，让听的人都感到很尴尬。俗话说“凡事要有度”，人际交往中的自我暴露也要做到“适度”。关于这个度的把握问题，可以参考以下两点建议：

★自我暴露要对等

人际交往中，自我暴露是相互的、对等的，如果我们比对方暴露得多，对方就会感觉到有压力，会对我们产生回避和防卫的心理。如果我们暴露得比对方少，又会让对方觉得我们没有交流的诚意。

★自我暴露要循序渐进

我们在自我暴露时，应该做到循序渐进，要缓慢而温和地向对方敞开心扉。如果过早地涉及太多的个人隐私，会让对方产生不安全感，认为我们不稳重，不敢托付自己的信任，从而导致双方关系难以进一步发展。

人际交往中的自我暴露原则告诉我们，过于“完美”的外在形象，会拉大我们与他人的距离。想要双方关系更亲密，就必须适度地暴露自己。而且我们在暴露自己时，要注意对等和循序渐进，这样才能获得亲密的知心朋友。

换位思考定律：想和他搞关系，就要钻进他心里

在人际交往中，“换位思考”是经常被人们挂在嘴边的一个观念。不过说起来容易，做起来却很难。那么，人际交往中的换位思考定律到底是什么呢？简单来说，换位思考就是指把自己放到别人的立场上，用别人的眼光来看事情，用别人的心境来思考问题。

人际交往中的很多争执和矛盾都是因为不会换位思考而引起的。老板认为员工偷懒，员工认为老板抠门；老师认为学生叛逆，学生认为老师古板；妻子认为丈夫不体贴，丈夫认为妻子不温柔。如果每个人都像这样，只会站在自己的角度来思考问题，那么沟通就会出现问题，人际交往就会变得很困难。

学会换位思考，我们就能对别人多一些理解，别人也会对我们多一些认同，人与人之间的矛盾和误会就会减少，人际关系也会更加和谐。

换位思考定律不但要求我们转换立场和思维模式，还要求我们懂得他人的心理。真正的换位思考必须要深度理解他人内心的想法和感受，想他之所想，感他之所感。但是很多人都没有做到真正透彻地换位思考，他们总是站在自己的立场上“猜测”别人的想法和感受，或者站在“大众”的立场上想当然地认为别人应该会怎么想、怎么做。事实上，这些都不是真正的换位思考，都

属于局限在自己和旁观者的视角中，没有真正地去体验他人的内心感受。

很多时候，当我们身边的人遭遇了不幸，我们总认为他们一定会需要我们的安慰，只有这样，才能抚平他们内心的创伤。但实际情况却并没那么简单，有时候，当我们没有站在别人的立场换位思考时，我们的安慰反而是在揭别人的伤疤。案例中的刘娟就因为亲友的“安慰”而受到了伤害。

【换位思考定律案例】

刘娟的丈夫因为车祸突然去世了。处理完丈夫的后事，她还要面对身边亲友的“关心”：“他怎么丢下你一个人走了？”“怎么会发生这种事？”“他是在哪儿出的事？”“天哪，太不幸了，你一定会挺过来的。”还有来自长辈的“教诲”：“今后你自己一个人带孩子，要坚强一点。”“以后孩子的教育是最重要的。”

刘娟收到了这么多人的“关心”，却没有一个人关心她内心的感受，反而一次次提起丈夫的死，给刘娟的心理造成了严重的伤害。她说：“我不需要安慰，只想一个人待着，不要再来揭我的伤疤。”

在上面的案例中，刘娟的亲友们是出于好意安慰她，但是没有体谅她的心情，没有站在她的立场想问题。在刘娟看来，这样的安慰就是在她伤口上撒盐。

刘娟的故事告诉我们，在安慰别人的时候，如果我们没有真正透彻地进行换位思考，我们可能就会迫不及待地把自己的想法强加给对方，反而忘了体谅别人的心情。在没有换位思考的情况下，“为了你好”也会成为伤害别人的利剑。

有时候，我们出于一片好心，很想帮助别人，却没有想到好心也会办坏事。由此可见，帮助别人光有一颗好心是不够的，还要有同理心和一定的生活阅历，还要站在对方的立场换位思考。同理心会帮助我们设身处地地为他人考虑，理解他人的行为和想法；丰富的生活阅历会让我们明白每个人都有自己的责任，每个人都有不同的处境。只有真正理解了这些，才能更好地做到换位思考。

具体来说，换位思考包含了两个方面的内容，一是己所不欲，勿施于人；二是将心比心，以心换心。下面，我们就来详细地了解一下这两方面的内容。

★己所不欲，勿施于人

“己所不欲，勿施于人”是《论语》中的古训，它告诉我们做人做事都要推己及人，自己不喜欢的，也不要施加在别人身上。这句话不仅是换位思考的重要原则，更是一种做人的态度和品格。

在人际交往中，如果我们不想被人欺骗，就不要去欺骗别人；如果我们不想被人瞧不起，就不要用“势利眼”看人；如果我们不想被人辱骂，就不要说污言秽语；如果我们想得到别人的真心，就要真心对待别人；如果我们想得到别人的尊重，就要懂得尊重每一个人。我们希望别人怎样对待我们，我们就要怎样对待别人。

说话做事之前，我们要换位思考一下：别人是否会喜欢我们这么做、这么说？我们的行为是否会给别人带来困扰？如果我是他，我会接受这样的行为吗？我们心中要时刻谨记：“己所不欲，勿施于人。”

★将心比心，以心换心

著名作家海明威说过：“没有人是孤岛。”我们每个人都不是孤立存在的，我们在人际交往中也需要互相协作、互相帮助。所以，当我们设身处地为他人考虑时，就是在为我们自己考虑，只有将心比心，才能以心换心。不会换位思考、为别人着想的人，也没有人会为他考虑。自私自利、极度自我的人也会失去别人的尊重和喜爱。

当别人遇到困难时，如果我们设身处地地为他考虑，为他提供帮助或者安慰。那么，当我们遇到困难时，对方也会帮助我们。我们真心地为别人考虑，对方也会回馈我们真心。

当别人和我们意见不一致时，如果我们换位思考一下，说不定就能理解他的想法，对他多一份包容，那么对方也会更加尊重我们。我们的理解，会换来别人的尊重。

换位思考定律不仅是人际交往中的重要定律，它还是我们应该好好学习的人生法则，学会换位思考，会让我们成为更有智慧的人。

相悦定律：因为喜欢，才有吸引

让我们回想一下，我们喜欢的朋友都有什么特征？我们是因为什么原因才喜欢他们的？是因为外表，还是个性？心理学家的研究告诉了我们答案：一般来说，我们喜欢的，是那些喜欢我们的人。他们不一定很优秀，也不一定很漂亮，但是他们喜欢我们，所以我们也会很喜欢他们，原因就是这么简单。我们在人际交往中表现出的这种强烈的倾向，就叫做相悦定律。

在人际交往中，相悦定律可以让人与人之间产生强烈的吸引力。简单来说，就是我们喜欢对方，会引起对方对我们的喜欢，这个过程被称为情感的相悦。换言之，我们是否喜欢对方，是决定对方会不会喜欢我们的一个重要因素。

通过相悦定律，我们可以知道：人们往往会对那些喜欢自己的人态度更积极，与他们交往的意愿更强烈。人与人之间的喜欢是相互的，没有人愿意自讨没趣，所以，大多数时候，我们会选择那些喜欢我们的人作为朋友或者伴侣。这是因为，那些喜欢我们的人能让我们感受到愉快和被尊重，而且他们的喜欢，对我们来说是一种肯定，说明我们对社会和他人来说都是有价值的。同样的道理，如果我们想让别人喜欢我们，就要多肯定和称赞别人，就要用热情友善的态度对待别人，积极发掘别人的优点，用行动表达我们对他的关注和喜欢。

但是，相悦定律不一定会百分之百有效，它对自我评价较低的人很难生效，这是因为，自我评价较低的人通常不会相信别人会真心地喜欢他们，反而会认为喜欢他们的人别有用心或者没有眼光，所以，他们也不会去喜欢那些喜欢他们的人。

但是，对大多数人来说，相悦定律是人际交往中最有效的定律之一，它在我们和他人交往的过程中发挥着巨大的作用，对人际关系的建立起到了重要的推动作用。因为，我们都喜欢那些喜欢自己、让自己感觉愉快的人，如果对方喜欢我们、给我们带来快乐，那么，我们就会在相悦定律的驱使下接近对方，和对方发展人际关系。也许我们一开始对对方并没有什么感觉，但是，相悦定律的魔力会让我们渐渐喜欢上对方。

案例中的小陈就是巧妙利用了相悦定律，让自己的蛋糕店生意越来越好。

【相悦定律案例】

出于对烘焙的热爱，小陈在大学毕业后开了一家蛋糕店，她在蛋糕店的经营上花了不少心思，不仅对食材非常讲究，而且店里的装修也是经过精心设计的。蛋糕店刚开业不久，生意比较清淡，小陈想吸引更多顾客，就推出了试吃活动。每天都有新鲜的糕点免费送给顾客品尝，顾客们免费吃到了美味的糕点，下次想买蛋糕或点心时，就会第一个想到小陈的店，于是，小陈的蛋糕店生意越来越好了。

小陈想要留住熟客，于是她又想了一个办法：为每一个来店里买蛋糕的顾客送上一张祝福卡片，卡片上是手写的祝福话语，比如："今天你一定会遇到一件好事。""今天幸运之星会守护着你！""你是今天最可爱的顾客！"这样一张小小的卡片为小陈留住了顾客的心，让她的店里回头客越来越多。

为什么顾客都喜欢小陈的蛋糕店呢？因为小陈每天送出的祝福卡片让他们感觉到了自己被重视、被喜欢，所以他们在相悦定律的影响下，选择了经常光顾小陈的蛋糕店。

表达喜欢和重视，说对方喜欢听的话都能传达我们的喜欢，让对方感到愉悦，进而引起对方的喜欢。小陈的"免费试吃"和"送卡片"营销策略，正是利用了人际交往中的相悦定律，让顾客感觉到了自己被喜欢，所以顾客也会越来越喜欢小陈的蛋糕店。

相悦定律是人与人互相影响而形成的，而喜欢也是相互的，我们不对别人表达喜欢，别人也可能不会喜欢我们。只关注自己的人，也不会受到别人的喜欢。所以，想要建立良好的人际关系，就要学会表达自己的喜欢。

相悦定律的影响在生活中随处可见，比如，顾客会因为推销员热情而殷切的态度买单，女孩会被男孩的真诚和爱慕打动，员工会对欣赏自己的领导特别有好感。总之，为了让人际交往更加顺利，我们要学会好好利用相悦定律。

如果我们能真正地理解相悦定律的含义，并能很好地运用它，我们就会在人际交往中如鱼得水。我们可以通过自己传达出的友善和欣赏来让别人喜欢我们，也可以从别人的喜欢中获得被尊重、被重视的感觉。不过，我们也要注意不要被相悦定律迷惑，在人际交往中要保持理智，不要被奉承和好话冲昏头脑。

职场成长法则：为什么升职的总是别人

在职场上，如果想从菜鸟蜕变成精英，就要历经无数艰难险阻，还要走上不少弯路。而职场成长法则可以为我们指明方向，它向我们揭示了职场中的“潜规则”和“陷阱”，提醒我们在职场上居安思危、规避风险，教我们抓住工作中的主要矛盾，是我们的职场进阶指南。

蘑菇定律：新人，想成蝶先破茧

蘑菇，是我们每个人都很熟悉的一种植物。它们长期生长在阴暗潮湿的角落，得不到阳光和雨露，如果长得不够高不够大，不能被人发现和关注，就只能自生自灭—这是自然界中的蘑菇，在职场上也有这样一群“蘑菇”。不过，什么样的人才会被称为“蘑菇”呢？你是不是“蘑菇”大军中的一员呢？想要知道答案，就要先了解什么是蘑菇定律。

蘑菇定律就是“像蘑菇一样生活” 。这句话是 20 世纪 70 年代一群年轻程序员的自嘲，当时的大众对电脑技术还不太了解，对这些程序员的工作抱着怀疑和轻视的态度。于是程序员把自己比作“蘑菇”，因为他们觉得自己就像蘑菇一样得不到重视和关注。

事实上，对于每一位职场新人来说，我们都或多或少地处于蘑菇定律的困境之中。如果你恰恰刚入职不久，或者刚参加工作，一定会对蘑菇定律感触良多。即使是职场的“老司机”，相信你也一定忘不了那苦涩的滋味。

对初入职场准备大展拳脚的年轻人来说，当“蘑菇”的经历是一段很不愉快的日子。在这段时期里，他们不受领导重视，得不到工作上的指导和帮助，有时还要遭受无端的指责或者代人受过。这时的新人们就像职场这片大森林里不起眼的“蘑菇”。

但是，对职场新人来说，当“蘑菇”不一定是一件坏事。初入职场的年轻人往往会抱着一些不切实际的想法，而当“蘑菇”能快速打消这样的想法，让他们对自己、对周围的人和事有更深刻的了解。所以，当“蘑菇”的经历对职场新人的成长是很有帮助的。不过，如果你当“蘑菇”的时间太长，就会给别人留下能力差的印象，久而久之你就会陷入“蘑菇定律”的怪圈里。

对成长中的职场新人来说，当“蘑菇”的经历就是你破茧成蝶前必经的一步，蘑菇定律就是你要破的“茧”。然而很多人都在这一步跌倒了。所以，你必须要在这段经历中快速地成长起来，汲取足够多的经验，建立起良好的职业形象，并学会规避职场中的风险和负面影响。这是每个职场新人职业生涯中都必须要面对的考验，“蘑菇”阶段的成绩和收获，会影响你一生的事业，甚至关乎你人生的成败。

下面例子中的徐倩就是踏踏实实从“蘑菇”做起，最终长成了参天大树。

【蘑菇定律案例】

徐倩自小学习成绩优异，在学校里，她是同学的榜样，老师心目中的优等生。在家里，她是父母的骄傲。聪明又勤奋的她，凭借自己的努力，考上了名牌大学。在大家眼里，徐倩以后一定会前途无量。

大学毕业后的徐倩，进入一家公司工作，她发现一切并不是她想象的那样。徐倩在公司每天的工作就是收发文件、整理资料，一段时间以后，她觉得自己是名牌大学毕业生，每天做这些简单的工作太屈才了。

理想和现实的差距让徐倩十分苦闷，因此她萌生了辞职的想法。但她的同学劝她不要辞职：“你当初面试进那家公司也不容易，你没有任何工作经验，只能从基层干起。每个职场精英都是从新人一路走过来的。”

听了朋友的劝告以后，徐倩打消了辞职的念头，决定再坚持一段时间，她告诉自己金子总有发光的那一天。半年以后，公司对所有新人进行了考核，徐倩通过这段时间在基层岗位上的锻炼和学习，在考核中取得了优秀的成绩。于是，公司将她分配到了重要部门，在新部门里她的才干得到了充分的发挥，并在几年以后成为了部门领导，渐渐成长为公司骨干。

徐倩在经历“蘑菇”时期的痛苦时，没有选择退缩，而是咬牙坚持了下来，并且在这个过程中不断学习、锻炼自身能力。所以，当机会来临时，她能牢牢地抓住。如果你也像曾经的徐倩一样，是个默默无闻的“蘑菇”，不要悲观失望，要尽自己最大的努力坚持下去并不断进步。

正因为是“蘑菇”，所以你要更积极更努力，才能得到“阳光”和“雨露”。

既然你已经遭遇了蘑菇定律，就要沉下心来认真做“蘑菇”，做好自己该做的事。让自己从一堆“蘑菇”中脱颖而出，快速地进入下一个阶段。

那么，我们应该如何快速走出“蘑菇期”，如何能更好地把握自己人生的航船呢？或许以下的方法可以帮助到你走好职场生涯关键的一步（如图 7）。

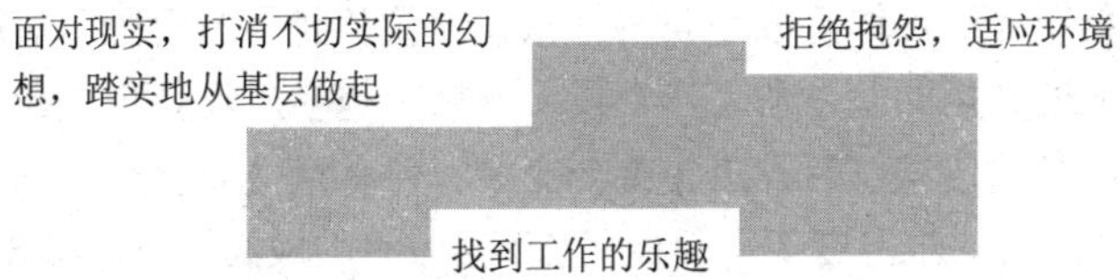

图 7　快速走出“蘑菇期”的方法

★面对现实，打消不切实际的幻想，踏实地从基层做起

很多职场新人刚走入职场时，都有远大的抱负，认为自己很有才能，公司应该一开始就重用自己。但是，这些人缺乏工作经验，也没有能力担当重任，所以必须经过一段时间的适应和磨炼，在基层工作中积累工作经验、锻炼工作能力，这样才能获得提高和成长。

★拒绝抱怨，适应环境

“少说多做”是职场新人的黄金法则，每一个刚开始工作的人都会遇到很多困难，如果你满腹牢骚、不停地抱怨，就会让工作也受到情绪的影响，导致工作任务不能完成或者发生失误。自己该做的事都没有做好，这会让你失去很多机会，让你今后的职业发展受到影响。

相信你在刚踏进职场时，也曾感受到理想和现实的差距，也许你进入的公司或者工作的岗位不符合自己的理想，这种理想和现实间的差距会让你感到迷茫。如果薪水也达不到自己的要求，那么你一定会产生离开公司或者离开岗位的想法。这恰恰是蘑菇定律对你的考验，“适者生存”是自然界的法则，在职场上也同样适用，只有能快速适应环境的“蘑菇”才能茁壮成长。

★找到工作的乐趣

在职场中有一个很重要的能力就是：从工作中获得乐趣。每一个职场新人都应该学习这种能力，在工作中树立人生观，形成自己的做事原则，找到工作的动力和乐趣。只有找到工作中的乐趣，你才能以主动的态度去面对工作。

我们要把工作看成是获得知识、经验和能力的手段。对职场新人来说更是如此，在工作中投入的精力越多，收获也就越大。有了这样的认识以后，工作就会变成一件有意义而且充满乐趣的事。当你的工作态度变得积极，工作中取得的成绩也会越来越多。

著名学者罗斯·金说过：“只有通过工作，你才能保证精神的健康，在工作中进行思考，工作才是件愉快的事情。两者密不可分。”还在经历蘑菇定律困扰的职场新人们，必须要沉下心来，踏踏实实地做好自己该做的事，才能厚积薄发、破茧成蝶！

链状效应：抱怨，升职加薪的天敌

“近朱者赤，近墨者黑”，如果你的身边总有一些人，心胸狭窄，常常抱怨世事不公，怨天尤人，那你跟他们在一起时间久了，不仅会成为情绪垃圾桶，还可能成为他们中的一份子，变成一个爱抱怨的人，这就是链状效应。如果不想自己变成一个“唠叨鬼”“抱怨精”，最好的方法就是远离爱抱怨的人。

在职场中，总有那么一些“怨妇”，他们遇到任何事情都习惯性地抱怨。如果你与他们混在一起，不仅不能帮他们改变什么，反而会徒增烦恼，甚至让自己也被传染而心情晦暗，埋下“抱怨”的种子。

不要让自己成为一个爱抱怨的人，尤其是在面对工作的时候，职场中常常抱怨的人往往会忽视努力的意义，必然会与升职加薪擦肩而过。

身在职场，就要遵守职场中的生存法则。如果你常常在同事面前抱怨，诸如老板的苛刻、工作的辛苦、待遇的不平等……不仅会迷失自我，让同事避之唯恐不及，还会让老板看到你的无能。人处于世，多多少少都会有委屈，身在职场也难免如此，与其抱怨，不如把你的怨气适当地发泄出来。比如可以与好朋友聊聊天，可以通过运动分散注意力，也可以通过写日记的方式为那些坏情绪找个出口，努力包容职场环境中的不完美，多从自己身上找原因，使自己不断进步，实现升职加薪。

【链状效应案例】

公司以高薪聘请的王刚，是一个工作能力很强的人，深受公司领导的器重。他的博学多才也让很多同事羡慕不已。

前段时间，公司提供了一个出国深造的机会。有两个人都有资格，一个是王刚，一个是李浩，他们二人的工作能力都非常出色，可谓实力相当，而两个人都希望自己能得到这个出国深造的机会。这让公司的领导犯了难，只能通过领导讨论，决定到底谁去比较合适。最终王刚落选。这让他心里很不平衡，他认为自己不比李浩差，觉得最终让李浩出国深造，一定是因为他是公司老总的亲戚。

自从这件事之后，王刚就时不时地抱怨自己在公司受到的不公正待遇，总认为同事们能够感同身受，为自己打抱不平。但是事实上，李浩同样有很好的“群众基础”，和同事的关系也一直不错，而且比王刚进公司的时间要久，所以同事们并不认可王刚所谓“不公正”的说法。而随着王刚的抱怨越来越多，在同事们心中的形象自然也大不如前，同事们都觉得他为人小气，没有担当，不如李浩气量大，对王刚的态度渐渐地冷淡了许多。同时王刚的抱怨传到了公司领导的耳朵里，让领导很是不爽，对王刚的器重也大不如前。

同事和领导对王刚的态度变化，让他莫名其妙。后来细细想过后才恍然大悟，原来是自己的抱怨惹的祸。抱怨不但不能改变公司出国人选的决定，也让自己在公司的形象一落千丈，更重要的是，领导也不再信任自己。

其实像王刚这样，常常在公司抱怨的人不在少数，而这些人越是抱怨，就越是无法得到老板和公司的认可，怨天尤人往往会成为你职业生涯的绊脚石。所以，身处职场就应该学会控制自己的消极情绪，自我排解消化不良情绪，努力调整心态，积极乐观地面对工作，这样才能赢得同事的尊重、领导的器重，工作也会更加得心应手，升职加薪才不会遥远。

任何一个公司，都希望自己的员工是一个有能力、能为企业创造价值的人，而不是一个喋喋不休的“评论家”。要知道，抱怨只会让同事看低你、远离你，让领导认为你无能，从而失去升职的机会。喜欢抱怨的人绝无可能推开成功之门。下一次，当你想要抱怨的时候，不妨试试这样去做：

★告诫自己，抱怨解决不了工作中的任何困难

工作是无法逃避的，再难再累也要扛着。不管你是怨声载道还是欣然接受，工作始终在那儿，等着你去完成，而抱怨并不能帮你解决工作中的问题。既然如此，何不把内心的怨气变为工作的动力，把抱怨的时间和精力用来提升自己，动脑筋好好想想怎样才能更快更好地完成工作。这样不仅能让你摆脱阴暗消极的情绪，而且使自己的能力水平得到提高，岂不更好？

★告诉自己，抱怨只会让情况变得更糟

每个人都希望被领导赏识，得到重用，都希望升职加薪。常常有人只看到别人和公司的不足，高估自己的能力和付出，从而怨声载道，以为领导会因为听到自己的抱怨而有所改变！要知道，你的老板并不会因为你的抱怨给你加薪，只有你能为公司创造更多的价值，才有加薪的可能。既然如此，我们就应该将重点放在提升自己、为公司创造价值上。抱怨，只会让老板看轻你、远离你。

★学会自我排解不良情绪

不要随意把身边人当做情绪垃圾桶，尤其在职场中，应该努力打磨自己的专业技能，塑造良好的职业形象。总要依靠领导来做心理建设，总要别人来分担你的痛苦，是幼稚不成熟的表现。应该努力让自己拥有一个更强大的内心，当遇到不开心时，试着在内心与自我对话，试着做点有趣的事分散注意力。

在职场中，总是喜欢抱怨的人，有没有好好反省：自己能力够不够？是不是真的努力了？往往你眼中的不公平，其实都是理所当然。不妨停止抱怨，花更多的精力完善自我，化抱怨为努力工作的动力，为你将来的升职加薪打下坚实的基础。

青蛙法则：居安思危，让你的职场永远精彩

“温水煮青蛙”的实验相信大家都很熟悉，青蛙未死于沸水而灭顶于温水的结果是值得大家深思的。所谓“生于忧患，死于安乐”，被煮死的青蛙，因为过于安逸，才落得“死于安乐”的下场，如果起初在冷水中的青蛙能懂得居安思危，在水温开始上升时能快速跳出，它便能摆脱被煮死的厄运。

人在职场也是这样，如果缺乏危机意识，必然会如同被温水煮的青蛙一样，自我麻痹，困于职场危机。因此，身处职场要懂得居安思危，才能时刻保持头脑清醒。未雨绸缪，防患于未然，才能灵活应对职场中的风云变幻。否则，你将失去解决危机的最

佳时机，留下悔恨和遗憾。迈克尔·戴尔说过："我有的时候半夜会醒，一想起事情就害怕。但如果不这样的话，很快就会被别人干掉。"可见，迈克尔·戴尔是一个懂得居安思危的人，所以才有了戴尔公司如今的辉煌。

在漫漫职场路上，不会始终一帆风顺，反而危机四伏。有些人的职业生涯因为这些危机而变得岌岌可危、不堪一击，而有些人却能因为这些危机而收获职场中的精彩。这是因为，前者不懂得居安思危，总是被危机打败，而后者随时做好了迎接危机的准备，即便危机重重，仍能泰然处之，在职场中如鱼得水。

不懂得居安思危的国家，必然会出现问题；不懂得居安思危的公司，必然逃脱不了破产的命运；而不懂得居安思危的员工，也必然不会收获职场中的精彩。

【青蛙定律案例】

刘峰在一家钟表厂做手表零件装配工作。由于他熟练的技能和严谨的作风，工作中极少出错，因此他的名字几乎每年都出现在"最佳员工"的名单上。

可是这么优秀的员工却在今年被公司辞退了。原来，去年年底，公司引进了一套全自动生产线，整个生产全部由计算机操作完成。而刘峰因为文化程度不高，又对计算机一窍不通，几年来只会手表零件装配这一门手艺，无奈只能被公司淘汰。

其实公司并不是没有给刘峰机会，早在几年前，刘峰的领导就告诉全体员工，公司有引进新设备的计划。从那时起，刘峰的很多同事纷纷开始学习相关的计算机知识，有的还特地在网上找到新生产设备的资料进行研究。刘峰却没有任何改变，所以最后他被淘汰了，而其他掌握了新设备使用方法的同事们，却因为能胜任新的工作岗位而被留下来。

刘峰的经历是否会对你有所警示呢？刘峰，就是那只温水中的"青蛙"，因"优秀员工"的光环而变得麻木，没有了危机意识，最终被职场淘汰。可见，身处安逸的环境中，如果不具备危机意识，那么当危机真正来临的那一天，就会消极被动，一击而溃。

当下，竞争激烈，更应该时刻保持“居安思危”的心态。危机意识会激励你不停地学习和提高自己的能力，能帮助你预防危机的到来，未雨绸缪才能临危不乱、化险为夷。

想要在职场中居安思危，提升自己的危机意识，那就必须要明白“物竞天择，适者生存”的道理，要知道，只有居安思危，只有不断地鞭策自己，时时敦促自己“再不快跑，明天就是自己职业生涯的终点”，才能在漫漫职场路上走得更远，才会收获职场中的精彩。

那么，作为职场人，需要警惕的危机有哪些呢？

★警惕工作业绩危机

工作业绩是衡量一个人工作能力的重要指标，即便你之前的业绩遥遥领先，但如龟兔赛跑中的那只“兔”，不再努力时，就总有那么一只“龟”后来居上。应该时刻保有危机意识，坚持努力，提升业绩不懈怠，否则，别人超越你实在太正常不过了。

★警惕人际关系危机

如果你的工作能力不错，工作业绩也不错，却发现同事们对你不再如以前那样亲近，领导也不再如以前那样对你关怀，只剩下公事公办，甚至出现孤立无援的状态，那么你就应该有危机意识了。赶紧反省自己，一定要弄清楚是什么原因让同事和领导开始远离你，这样才能有针对性地解决问题。在职场中如果没有人际关系危机意识，不能协调好上下级关系和同级关系，那么你一定会“死”得很难看。

★警惕企业经营危机

时刻关注你所在部门和公司的动向，了解公司的经营现状，保持警惕。这样才能保证在部门或公司发生变故时，自己能及时调整。当公司的经营状况不太理想时，你的危机意识可以帮助你提前做好准备，例如即便公司出现紧急状况如裁员、减薪等，自己也能面不改色、应变自如。

“人无远虑，必有近忧”。只有随时保持警惕，增强在职场中的危机意识，你才会有所准备，才能避免职场中的相关风险，在职场中走得更顺、更精彩。

鲁尼恩定律："近视眼"，职场晋升杀手

龟兔赛跑几乎是每个人都听过的故事，故事里的兔子因为只看到自己暂时的领先而骄傲，最终输掉了比赛；乌龟在落后的情况下没有焦躁，而是向着终点努力前行，最后赢得了比赛。正如鲁尼恩说的那样："赛跑时不一定快的赢，打架时不一定弱的输。笑到最后的才是赢家。"做人要远离"近视眼"，不能因眼前的小小成就而骄傲，也不能因眼前的小小失误而急躁，保持好心态，才能成为笑到最后的大赢家。

身在职场中的我们，其实都在进行一场马拉松比赛。暂时的领先不一定能保持到最后，或许在你胜券在握的时候，会突然跌倒或者被他人赶超，输掉比赛；同样，暂时的落后也不一定代表永远的失败，只要你有目标、有理想，保持好的心态努力冲向终点，即使没有成为第一也是赢家。正所谓"不到最后关头，绝不轻言放弃"，只要不停止努力，终会冲过终点。所以，我们不要因为眼前的得失而骄躁，而应该远离职场"近视眼"，否则，我们将永远与晋升无缘。

只有把眼光看向远方，才会有努力的动力和方向。职场中没有美丽的童话只有残酷的竞争，只有通过努力才能构建成功。当领导安排同样工作给不同员工时，有的人激励自己："只要是机会，不管是三天还是三十天，我都会努力把握。"而有的人却以"三天的时间完全不够"为借口拒绝。这种眼光长短的差距，正是造成有些人升职、有些人却只能看着别人升职的原因。

"近视眼"是职场晋升的杀手。下文中小李的晋升之路，就被这个"杀手"封杀了。

【鲁尼恩定律案例】

A 公司设计小组的主管辞职，需要新的主管。部门领导打算让表现较为突出的小李和老王公开竞选。

小李学历高，眼光独特，有活力，有很强的专业能力和很新颖的设计思维，他的作品深受年轻人的喜爱；而老王资历老，有很强的资源整合能力，大众化的设计也很有市场。他们二人各有各的优势，让领导很难抉择。

公司和部门的领导开会讨论了很久，也无法统一意见，于是让公司员工一起投票选择，但员工同样为难。此时，公司正好有一个培训，有人提议，干脆看培训后谁的考试成绩高，就把票投给谁吧。

小李听说后很是高兴，因为自己学历高，英语能力也不错，对那些培训的理论知识早就倒背如流，而且自己曾经是“考试机器”，这种培训的小测试对自己来说就是小 case。于是，小李摆出了一种高傲的姿态，似乎主管的位置就是他的了。

与小李不同的是，老王却对测试有些担心，虽说理论知识他也烂熟于心，但是英语却是他的短板，要在考试中用英语作答实在是很难为老王。可即便如此，老王也没有放弃，而是及时调整了自己的心态，每天都在学习和研究英文，为考试做准备。

考试的日子终于到了，可是老王却因为家里的一些私事耽误了考试。小李虽然考了很高的分数，却愁眉苦脸，他觉得没有老刘的成绩作对比，自己的高分也没有意义。反观错过考试的老王，依然云淡风轻，不骄不躁。

没有分数的对比，并没有让大家继续难以抉择。因为在准备评比的这段时间，小李的自以为是已经让大家反感，而老王的不骄不躁、宽厚待人却赢得了大家的好感。最终，大家都把票投给了老王。

小李的“近视眼”让他与升职失之交臂，而老王的不骄不躁却把他推上了主管之位。在职场中并不是所有的事情都能如你所想，总会有很多偶然和突发情况，不到最后一刻，谁都无法预料结果。要想得到晋升，就必须远离“近视眼”，把目光放得更长远一些，这样才能成为笑到最后的人。

就好比买手机，如果贪图便宜，只想花较少的钱，那只能买到即将淘汰的手机，用不了多久就会面临淘汰和维修配件停产的问题，那时还是得再换一部手机。与其这样，还不如一开始就多花一些钱买更好的手机，用的时间也更久。

在变幻莫测的职场中，不要在意眼前的成败，而应该要有发展的眼光。只有看向未来，才能成为最后的赢家。所以，从现在开始，放下你心中的骄傲和不安，不要在意现在的成功或失败，从培养正确的心态开始，丢弃你的“近视眼”，为自己设一个有挑战的长期目标，用谦虚的心态去发现和弥补自己的不足，为自己的职业梦想而努力。

拆屋效应：拒绝你认为不可能完成的任务，就是拒绝升职

1927 年，鲁迅先生在《无声的中国》中写道：“中国人的性情总是喜欢调和、折中的，譬如你说，这屋子太暗，在这里开一个天窗，大家一定是不允许的，但如果你主张拆掉屋顶，他们就会来调和，愿意开天窗了。”这就是拆屋效应的由来。它是指当出现非常困难的事情时，人们通常不愿接受，若随后提出一个相对简单的方案时，人们往往就会接受。

大多数的领导都知道拆屋效应，也非常了解员工这样的心理，所以会经常利用这种心理给员工安排一些不可能完成的任务，借此考验员工，看员工是否具有升值的潜能。而大多数员工在听到这个不可能完成的任务时，往往都会避之不及，纷纷找借口推掉，甚至会假装不知道有这么回事。

此时，如果领导亲自点名让你去完成，你该怎么办呢？是直接告诉领导你不行？还是以手头上紧张的工作为借口拒绝？其实，你的这些小心思怎么会逃过领导的法眼？他不会对你拒绝的理由表示理解，只会觉得你是一个怯懦、不堪重任的人。有时，拒绝你认为不可能完成的任务，也就等于拒绝了领导给你的升职机会。因此，当有困难的工作来临时，千万不要说出“我不行，做不了”之类的话。

【拆屋效应案例】

刘凯虽然进公司很多年一直没有得到升职机会，但是他在公司勤勤恳恳、任劳任怨，深受领导的肯定，同事们也都觉得刘凯早晚会升职。

前段时间，公司准备打开外围市场，有个小镇有 5 家意向单位，总经理准备派人过去力争拿下其中的至少 3 家。

但是这是个看似不可能完成的任务，因为公司在那个小镇完全没有根基，别说只有 5 家有意向，就是 15 家有意向也很难谈下 3 家。几乎所有的人都不愿意接这项工作，认为完成不了，没有绩效不说，还会因此而受到领导的责备，还不如待在办公室，给老客户打打友情电话，拉拉业务订单。

但是有一个人挺身而出，接受了这项工作任务，这个人就是刘凯。其他人既高兴又惋惜，高兴的是艰巨的任务不会落在自己头上，惋惜的是刘凯恐怕会与升职无缘了。

事实上，刘凯在小镇的工作的确不顺利，他跑遍了那 5 家目标客户，但没有一家愿意接受他们公司的产品。直到有一天，刘凯偶遇了一名只有一面之缘的非目标客户，并准确地叫出了客户的名字，这让那位客户倍感尊重，当下就谈起了合作并签了约。而且还给刘凯介绍了好几个客户，都达成了协议。最终，刘凯签下了 8 家客户。

刘凯回到公司所在的城市时，总经理亲自开车去火车站接了他，同时还给了刘凯一份升职任命书，这让刘凯很是惊讶。原本刘凯也只是因为公司没人接下工作，自己才接的，并没有想过会成功签下客户，更没有想过会因此升职。其实早在刘凯主动接下任务时，总经理就有了给他升职的想法。原本计划的 3 家达成客户，只要刘凯能谈成一家就可以证明他的能力，就算一个客户也没有，也是客观因素所致，不能怪刘凯。

案例中的总经理就是利用了“拆屋效应”，看似要求很高的目标，其实已经被总经理定位成不可能完成的任务。所以当刘凯主动接受这个困难任务时，总经理便对刘凯高看一眼，并决定无论刘凯能否完成任务，都会给他升职。

很多时候，在职场中领导都会利用“拆屋效应”，给员工一个看似不可能完成、但心理期望值很低的任务。如果你在面对这样的情况时，跟领导说你不行，次数多了，领导自然为认为你无能，不会再给你任务，当然你也将与升职无缘。但是，如果你能告诉老板“虽然这个工作对于我来说比较困难，但是我会努力做好”。这样不仅会给领导留下好的印象，说不定还会让你得到意想不到的收获。很多领导都喜欢主动接受工作安排，勇于挑战困难的员工，所以，当有在你看来不可能完成的工作来临时，最好能主动接受。

不过需要注意的是，在任务进行的过程中，如果发现自己力不从心时，一定要及时与领导沟通商量，调整计划方案，避免到了最后期限却无法完成任务，不仅自己尴尬，还影响工作的进度，失去领导的信任。

想要升职比别人快，职位比别人高，就应该懂得领导的套路，懂得拆屋效应。拒绝你认为不可能完成的任务，就是拒绝升职的机会。要勇于接受领导丢过来的“烫手山芋”，要知道“做别人不敢做的事”才更容易获得他人的赞赏和肯定。

洛克定律：切实可行的目标，职场成功的法宝

最有效的目标，是具有挑战性的、对未来的指向。洛克定律告诉我们，只有为自己制定切实可行的目标，才能指引我们走向成功。

有句话是这样说的：“茫无目标的漂荡终归会迷路，而你心中那一座无价的金矿，也因不开采而与平凡的尘土无异。”目标是灯塔，指引着我们前进的方向；目标是终点线，指引着我们向终点冲刺；目标是球门，指引着我们进球拿分。没有目标的人生将会失去意义，没有目标的职场也将碌碌无为。

迷茫的职场中何来成功？目标是产生信念的来源，信念是努力实现目标的动力。人在职场，不管多么坚强、刻苦，不管能力多强，如果没有切实可行的目标，就没有努力的方向，就会离成

功很遥远。

很多人或许会说："我有目标啊！我的目标就是成为公司老板。"这是目标没错，但是过于空泛，不具体的目标只会让成功遥遥无期。倘若你能够把这个大目标分解为很多个切实可行的具体小目标，如"我要成为优秀员工""我要成为部门主管""我要成为经理""我要成为总经理"…… 一步步地去实现目标，或许有一天，你可以达成自己的目标，成为公司老板，收获职场的成功。

所以，人在职场中，一定要有目标，而且必须是具体、切实可行的目标，唯有如此，才能助力职场成功。下面案例中小王和小李的对比，就很好地说明了这一点。

【洛克定律案例】

小王和小李是大学同学。大学毕业后，小王考上了国内顶级学校的研究生，而小李直接走入了职场，8 年过去了，二人的职场情况各不相同。

小王硕士毕业后，一直紧跟时代的步伐。先是做投资，后来互联网大热时投身其中做了某互联网公司的部门主管，2017 年区块链大热，他又上了"区块链"的船。在进入职场的 5 年时间里，他接触了 3 个前沿行业。按理说这么优秀的人应该在职场中风生水起，但小王却总是感到恐慌和不安，觉得自己 30 岁不到，就已经开始走下坡路。因为自己从来没有过职业规划，有的只是一腔热血和年轻的资本。

而小李自从大学毕业进入职场后过得很平淡，没有什么出彩之处，只是执着地一步步朝着自己定下的目标前进。但细细观察，却发现这几年，他是有一些变化的，他每走一步，都会为自己定下下一步的小目标，并努力实现它。原本稳扎稳打的小李在经历了短短 8 年的时间后，现在已经拿到了 50 万的年薪，而且频频收到猎头公司年薪 70 多万的邀请。现在的他在职场中越来越自信，越来越有底气。

原本很优秀的小王因为没有为自己制定目标，所以在职场中失去方向，而原本平凡的小李因为自己定下了切实可行的目标，并为之努力，最终在职场中获得了成功。这就是有没有职场目标的差别。

在职场中，如灯塔般切实可行的目标，能为我们指引工作的方向。当失去这个“灯塔”，我们就很容易在漫漫职场中迷失方向。所以，为自己制定一个切实可行的目标是非常重要的。那么，我们要如何制定切实可行的目标呢？以下几点建议，值得参考。

★制定目标前的准备

制定目标是为了让自己有个努力奋斗的方向，避免自己成为一个对待工作懒惰、得过且过的人。所以，在制定目标前，一定要认清自己的能力范围，考虑自己的实际情况。

★制定目标要具备三要素

1. 制定的目标必须可行

在职场中随意制定一个无法实现的目标，对于工作毫无意义，反而会拖延成功的时间，因为自己都无法相信可以达到的目标是无法激励我们努力为之奋斗的。没有完成目标的信心和动力，又如何能实现目标呢？所以，我们制定的目标一定要有可行性。

2. 制定的目标必须可量化考核

一个含糊的、不可量化考核的目标只能称为梦想，如“我要赚钱”“我要升职”等。切实可行的目标应该是具体的、可量化考核的，比如：“我要在一年内赚 50 万”“我要在三年内做到部门主管的位置”等。

3. 制定的目标应该直指欲望

我们所制定的目标，必须能立足于自己的欲望，这样我们才会有激情、有动力为之努力。

★制定的目标需要合理的划分和管理

制定一个切实可行的目标只是一个过程，而我们最终的目的是实现它、完成它。如何实现目标？首先，我们需要把这个看似庞大的最终目标合理地划分为一个个细小的部分，然后，将它们合理地归类，看哪些是重要的、迫切要完成的，哪些是可以缓一缓不着急完成的，依据轻重缓急逐项完成。当所有的细小部分都完成了，我们的最终目标也就实现了。

总之，要想在职场上有所作为，就必须为自己树立目标！

老鹰效应：突出自己，领导才能看到你

自然界给了人们很多启示，老鹰效应就是其中之一。很多人称老鹰为雄鹰，因为它是最强壮凶猛的鸟。老鹰喂食小鹰的方法完全不同于其他鸟类，通常老鹰一次会产下四五只小鹰，由于每次猎捕回来的食物有限，只能喂给一只小鹰吃。于是小鹰们为了能吃到食物生存下去，只能拼命抢，而老鹰只会把食物喂给抢得最凶的那只小鹰，其他瘦弱的小鹰只能饿死。老鹰的“物竞天择，适者生存”，正是它们能成为鸟中强者的原因，这种现象也被称为老鹰效应。

职场何尝不是这样一个“物竞天择，适者生存”的地方，身在职场理应有这样的意识，想要得到领导的赏识，就必须突出表现自己，让领导看到你。但事实上，很多职场中人并不懂得表现自己的才华，所以他们往往失去了很多升值的机会。想要成为领导眼中的优秀员工，就必须争取在领导面前突出自己、表现自己，这样才能像吃到食物的小鹰一样，成为职场中的强者。

没有平凡且默默无闻的员工能走入领导眼中，几乎所有的领导都只会看到表现优秀，有前途的、聪明的员工。没有领导不懂老鹰效应，他们就如同老鹰一样，只会给抢得最凶的那只小鹰生存的机会。所以，在职场中必须让自己变得突出，适时地露两手，主动表现自己的能力，才能吸引领导的目光，才能让领导知道你的潜力和才干，给你发展的空间。否则你只能一直处于默默无闻的工作状态，没有人会看到你的才能和成绩，更没有领导会给一个默默无闻的员工升职加薪。

通过下面的案例，你或许可以更直观地感受到这一点。

【老鹰效应案例】

A 公司的某部门有两个相邻而坐的员工—潘媛媛和李华杉，

她们的职位一样，工作内容也差不多，但二人的背景却相去甚远。李华杉不如潘媛媛家境好，来自农村，更重要的是她只是大专学历，而潘媛媛是名校研究生毕业。因此潘媛媛总是瞧不起李华杉。

但李华杉在工作中有一股闯劲，而且总能巧妙应对各种人，解决问题的能力也比较强。

而潘媛媛骨子里却有一种清高，总觉得和李华杉争长论短有些失了自己硕士的身份。同时，潘媛媛也非常看不上李华杉的世故圆滑。

李华杉经常会凑到主管的桌前一起吃午餐，告诉主管自己最近看了一本新书，或刚学了某种专业知识。每当看到这一幕，潘媛媛内心非常鄙夷，因为李华杉所看的新书、新学的专业知识自己几年前就看过学过。李华杉还常常勇于在例会上发言，有时发言的内容还是她和潘媛媛私下讨论的一些不成熟的想法。

潘媛媛总是以高学历人才自居，对自己的工作要求很高，基本上不会在例会中发言，因为总觉得自己的见解还有待深入。

上个月，突然发生了一件让潘媛媛始料未及的事，当自己还在不断学习以提高工作能力时，各方面都不如自己的李华杉竟然升职了。因为领导觉得李华杉工作积极、有闯劲、有魄力、有胆识，非常欣赏她。

李华杉勇于在领导面前表现自己，让领导看到了她的能力和优势，获得了升职的机会；而潘媛媛的工作能力要比李华杉强得多，却因为不善于表现自己，在职场中败给了李华杉。可见，突出自己，让自己脱颖而出在职场中是多么重要。

那么怎么样才能在职场中突出自己，让自己在一群人中脱颖而出呢？下面的建议，或许可以帮助你：

★摆脱“不争”的窠臼

在职场中，很多优秀的人往往不愿意表现自己，总认为“是金子总会发光”，却忘了在忙碌的现代，领导哪里有时间去找被埋没的“金子”？“酒香不怕巷子深”的年代早已不在，如果你不自己跳出来，没有人愿意花心思去发掘你。

★毛遂自荐

明智的员工都很善于毛遂自荐，在领导面前突出表现自己的优势和能力。每个领导都喜欢看到勇于表现的员工，他们会觉得这样的员工既能做事又聪明。其实每个员工都有各自的优势和能力，如果你不敢毛遂自荐，不敢在领导面前表现自己的优势和能力，那么领导只会看到别人的优势和能力，你将永远与升职无缘。

★不要害怕出错

有些人总是担心自己会在领导面前出错，会暴露自己的缺点和不足，所以不敢表现自己，不敢发表自己的看法。虽然沉默可以掩饰你的缺点，但同时也埋没了你的优点，虽然不会出错，但是也不会出彩，不能让领导看到你的能力和优势。入不了领导的眼，何谈升职？还不如积极面对自己的缺点和不足，不害怕出错，努力展示自己特有的优势，才能显示出自己的出众，才能为自己赢来升职的机会。

在竞争激烈的职场中，如果你总是默默躲在一边，不敢、不愿突出表现自己，便永远无法成为领导“眼中的红人”，只能以失败告终。

艾森豪威尔法则：抓住“牛鼻子”，成为职场精英

本节开始之前，我们先来看一个幽默小故事。

有一天，动物园的袋鼠从笼子里跑了出来，动物园的管理员认为袋鼠之所以会跑出来，是因为关它的笼子太矮了，于是将袋鼠的笼子从10米加到了20米高。但是第二天，管理员发现袋鼠又跑了出来，于是将笼子加到了40米高。这天晚上，袋鼠又准备跑出笼子，长颈鹿问：“他们明天还会不会再把你的笼子加高？”袋鼠说：“这很难说啊。谁知道他们还会不会继续忘记关门呢？”

所有的事情都分轻重缓急，都有本末。在这个故事中，很明显动物园的管理员本末倒置了，他忽视了关门这个“本”，只一味从把笼子加高这个“末”去着手解决问题，没有抓住“牛鼻子”，

问题当然就得不到有效解决。在生活中，我们也常常会看到有人犯和动物管理员一样的错误，做事不会抓重点，他们常常一个人忙得昏天里地，却不知道自己在忙什么。这些人做事没有条理，分不清主次，常常费神费力，却一事无成。

在职场中，也是这样，常常有一些员工总是忙得不可开交，看似努力勤奋付出了很多，但实则没有给公司创造什么价值，他们总是胡子眉毛一把抓，工作中分不清轻重、缓急、主次。究其原因，都是因为他们不懂得艾森豪威尔法则，在职场中，我们可以用艾森豪威尔法则分清哪些是重要的、急需完成的工作，那些是不重要的、不急于完成的工作，这样才能指导我们在工作中抓住“牛鼻子”，才能提高工作效率，让自己成为职场精英（如图8）。

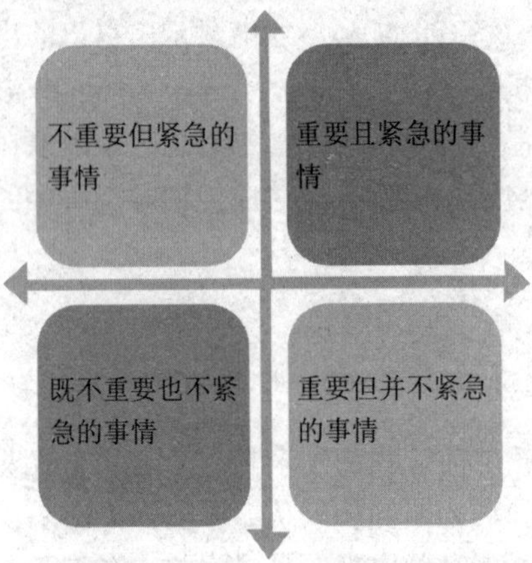

图 8　艾森豪威尔法则

职场中不能抓住工作“牛鼻子”的人注定将碌碌无为，有时甚至会因为影响工作效率而受到领导的责备，孟洁就是如此。

【艾森豪威尔法则案例】

孟洁刚进公司，就接手了刚离职的李丽的行政工作，主要负责维护员工宿舍、采购办公用品、预订出差人员机票车票、办理各部门资料的寄出等工作。

孟洁是个工作非常勤奋努力的人，几乎每天都是第一个到办公室的，在把办公室打扫干净、给办公室的花草都浇完水后，她还会一趟趟地去物业，生怕没有及时收到报刊和信件；每次其他部门交给她发的快递，她也总是会用胶带再次加固之后再寄出，生怕寄出去的物品会受损……

自认为很敬业的孟洁却常常被同事指责，说她“磨洋工”、工作效率低，影响大家的工作进度。同事们的话让孟洁很委屈。她很想和经理说一说，但是没想到，这天经理竟然抢先找她谈话了。

“你是怎么工作的？宿舍的空调坏了，你也不找人去修！同样的机票，为什么你订的比以前李丽定的多了 30% 的费用？还有，很多部门投诉经常不能及时领到办公用品，这是非常影响工作的，你知道吗？”

孟洁委屈地说：“我忙不过来，没有抽出时间找人修空调；机票我也是按时预定的啊。至于办公用品，我总要先知道大家缺什么了，再去采购吧。”

经理听后拍案而起：“你天天浇花、跑物业、包快递，都没忙到点子上！快递需要你包吗？快递员不会？怎么不会把用在这些琐事上的时间用来打个电话约人修空调？你不会提前订机票吗？那样能为公司节省很多成本你知道吗？……”

因为被很多人投诉，孟洁最终被公司辞退了。

事实上，在职场中，很多人都和孟洁一样，做工作时眉毛胡子一把抓，根本没有分清楚主次，所以把工作干得很糟糕，甚至让自己在职场中还未成功就夭折。

孟洁的故事就是在警示我们，在工作中分清主次、抓住“牛鼻子”是非常重要的。学会分清工作中的轻重缓急是工作能力的一种体现，只有能抓住“牛鼻子”，才能轻松高效地完成领导安排的工作。那么，要如何才能抓住工作中的“牛鼻子”呢？以下几点建议值得注意：

★了解自己的工作

首先，你应该了解你所在岗位的要求是什么，自己的职责是什么，什么才是自己工作的核心指标。这样才能找到自己的工作方向。

★学会列工作清单

列出一个周期内自己的工作清单，依据自己的工作方向将这些工作内容分别归类到必须做的工作、应该做的工作、量力而为的工作、可委托他人去做的工作和不需要做的工作五类中。这样做，能够让你对自己的工作一目了然，帮助你更好地了解哪些事是自己工作的重点。

★把主要精力放在重点工作上

当了解了自己的工作重点在哪里后，我们便可以把主要精力放在重点工作上，其他可有可无的工作内容可以等到重点工作完成后再处理，或是在自己空闲的时间处理，也可以交给其他同事处理。这样才是工作应该有的节奏。

在职场中，我们很多时候都觉得自己的时间不够用，一天的时间里，自己一直忙忙碌碌，但工作却总是做不完。而我们的忙碌并没有为自己的工作效率带来多大的帮助，有时反而会让领导觉得我们无能。

“自知是自善的第一步。”要想改变自己的工作状态，让自己的工作既轻松又高效，那么不妨拿起笔和纸，按照艾森豪威尔原则，规划你每一天的工作，抓住工作中的“牛鼻子”，如此，你才有机会成为职场精英，获得领导的认可，获得升职的机会。

有效沟通法则：为什么善于思考的你，却总在沟通上栽跟头

无论是在工作中，还是在生活中，我们都要时刻与别人沟通，当沟通受阻或词不达意时，我们的沟通目的也就无法达到。只有有效的沟通才能表达我们的情感，传递我们的思想。有效沟通法则，从沟通心态、沟通技巧、沟通对象等方面出发，向我们阐述了有效沟通的方法和技巧。

位差效应：先平等，再沟通

在本节的开头，我们先来看一则可爱的儿童寓言：

鳄鱼爱上长颈鹿，一个紧贴地面，一个高耸入云，接吻、共餐、玩耍，都非常困难，于是他们想出一个好办法—住在泳池里。终于，能够平起平坐，四目相对。从此他们更加恩爱，成为了大家都羡慕的一对。

不可思议的开端，温馨浪漫的结局，荒诞却富有哲理，这个故事告诉我们：平等对话，才能化解矛盾，开启美好。

平等，是有效沟通的重要前提。沟通在本质上是信息的传递和反馈。反馈不足，单向的信息流动，像是瀑布自高而下，就是沟通中的不平等。比如妈妈不停地唠叨，不仅毫无沟通意义，对于孩子而言，更是一种语言暴力。

高高在上的人，言语中容易透露出强势和优越感，说什么都像是命令和批评，令人反感。而身份低微的人，他的语言也因为卑微而容易被当作“耳旁风”。不平等的沟通，使信息的传递效果大打折扣。有研究显示：上级发出的信息，能被下级接收并理解的通常不超过25%，而下级向上级成功反馈的信息则更少，不

足10%。但是，平级人员之间的沟通效率却可以达到90%以上。可见，只有平等沟通才能达到沟通目的。

常言道："人微言轻，人贵言重。"现实中，沟通双方往往存在着身份地位上的不平等，而导致沟通不畅，这种现象，就是我们这里要讲到的"位差效应"。

学校与家长、父母与孩子、老板与员工在沟通中都容易出现"位差效应"。因为沟通出现了位差，人们看问题的角度不同，不能很好地理解彼此，也就更谈不上什么有效沟通了。

语言，是身体器官的延伸，贴着每个人自己的品牌标签，你是什么样的人，就会说出什么样的话。于听者而言，对语言内容的吸收和理解，往往掺杂了情感和偏见。

人们都有出于本能的自尊心。当有人以权威者身份对自己进行批评建议时，这种自尊心就会大肆发酵，释放出抵抗的情绪。权威者，话语越是强势，听者的抵触反应就越是强烈。而身份低微或者内心自卑的人，语气中常带有一种不确定，也很难表达自己真实的想法，甚至有时会选择用撒谎来掩饰自己。

只有消除位差，在心理上实现平等，双方不卑不亢，沟通才会真实、有效。

身份地位中的"位差"客观存在。其实，我们所说的平等沟通，并不是平等地位上的沟通，这里的平等，是我们心理上的平等，我们需要从内心达成共识：就沟通本身而言，我们双方都是沟通的主体，我们同等重要，是平等的。

能意识到这一点，在沟通中，才能坦诚相见，才不会因为敬仰、畏惧、轻视、怀疑而歪曲表达、错误理解。

例如，在亲子教育中，育儿师常建议父母：蹲下来与孩子说话。看似简单的一个动作，却往往能获取孩子的信任，令其敞开心扉。其实，这正体现出消除位差、达到平等对于实现有效沟通的重要性。

以下，我们就以亲子教育中的一个案例来说明沟通中的"位差效应"。

【位差效应案例】

聚会上，自助餐饮区有不少甜点：巧克力、奶油蛋糕、马卡龙……婷婷大快朵颐，完全停不下来，有人则开始议论，小孩子吃太多甜食对牙不好、容易肥胖，等等，妈妈本来就反感婷婷吃太多甜食，现在听到别人议论，更不自在，十分恼火，多次提醒婷婷不要吃了，但根本不奏效。最后，妈妈忍无可忍，当众批评了婷婷，而婷婷竟然大哭起来，丝毫不给妈妈面子。于是，妈妈转而尝试安慰她，给她讲道理，但婷婷哭得更厉害了。场面一度尴尬。

这时，一位叔叔走过来，蹲下身，轻轻地说："没关系，叔叔也喜欢吃巧克力，因为巧克力实在太好吃了，而且马卡龙也特别漂亮，小公主们都喜欢，是吧……你看，喜欢吃它们，并不是你的错，可是你知道除了我们两个，还有谁也喜欢这些吗？"

"妈妈也喜欢。"婷婷停止了哭泣，嘟着小嘴巴说。

大家都笑了。气氛一下子缓和了很多。

叔叔接着说："对呀，其实大人们也都喜欢。而且，你知道吗，小蛀虫也特别喜欢吃哦。"

婷婷睁大眼睛，转向叔叔。

"对呀，当小蛀虫闻到甜甜的味道，会特别高兴，然后……趁你不注意的时候，去你嘴巴里偷吃噢。"叔叔继续说。

婷婷听完，吓得赶紧捂住小嘴巴，皱起小眉头。

这位叔叔继续说："所以啊，我们一定不要吃太多，而且，吃完了要赶紧漱口。"

婷婷听了，跑到妈妈身边，说："妈妈，不能吃太多巧克力哦……我要漱漱口。"

以上案例中，妈妈以一贯的家长威严、权威姿态批评婷婷，婷婷在大庭广众之下，表现出激烈的抵抗。这样不仅没有达到教育目的，反而造成了尴尬。而这位挺身而出的叔叔，蹲下来，与婷婷聊天，告诉她，其实我们是一样的，解除了婷婷心里的反感抵触，然后才开始温和地讲道理，婷婷很容易便接受了。

由此可见，消除"位差定律"，实现平等，再去沟通，你才会被听到，也才能得到你想要的结果。

那么，在日常的沟通中，有哪些方法可以帮助我们消除“位差定律”，实现平等沟通呢（如图 9）？

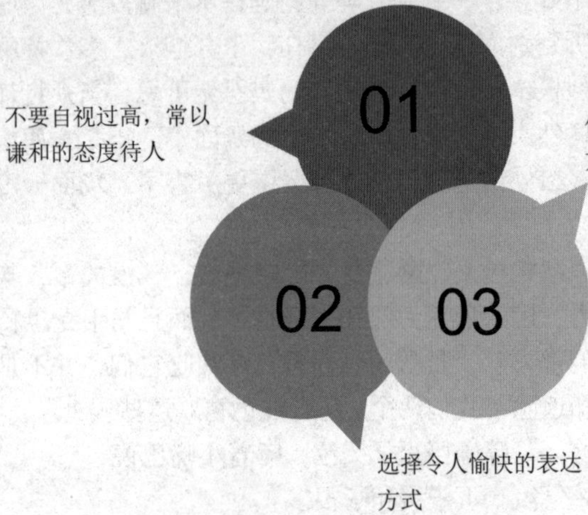

图 9　消除“位差定律”的方法

★不要自视过高，常以谦和的态度待人

不论你身份地位如何，也不管沟通对象是谁，谈话时，应尽量保持谦和的态度，真诚聆听，对方才能诚实表达。

★选择令人愉快的表达方式

俗话说“酒逢知己千杯少，话不投机半句多”，用别人容易接受的方式去说，对方才会愿意听。比如，批评建议用类似“如果……就更好了”等委婉的表达。

★保持同理心，站在对方角度想问题

换位思考，多站在对方的角度，而不是一味把自己的想法强加给别人，只有这样，你的话才能说到别人心里去。

★宽容大度，给予充分的尊重

“海纳百川，有容乃大”，做一个宽容大度的人，不要总盯着别人的弱点，多包容别人的不同，并且能接受别人的批评建议。沟通过程中，彼此尊重，才能平等对话。

“位差效应”往往阻碍了有效沟通，因此，我们要时刻保持警惕，摒弃位差，努力实现平等，然后再沟通。

雷鲍夫法则：认识自己和尊重他人

没有信任，就没有友谊，没有信任，也就无法合作。

要与人建立信任与合作，应该怎么做，雷鲍夫为我们总结了八句话：

1.“承认自己犯过的错”；

2. “你干了一件好事”；

3. “你的看法如何”；

4. “咱们一起干”；

5. “不妨试试”；

6. “谢谢”；

7. “咱们”；

8. “您”。

这就是所谓的雷鲍夫法则，言简意赅，一目了然。建立信任与合作，首要的一点就是，承认自己犯过的错，即认识自己，发现自己的错误，并勇于承认。其余七句话，依次代表了赞美、询问、承诺、鼓励、感恩、共情、尊重。

“承认自己犯过的错”，要求我们理智地分析自己。诚实认错，往往比强力辩解更能获得别人的理解和好感。“人非圣贤，孰能无过”，每个人都会犯错，不必苛求完美，而且，错误一旦发生，就客观存在，勇于承认，体现的是一种气度、一种美德。

“你干了一件好事”，是对别人的肯定，每个人都期待别人的认可，因此，不要吝惜你的赞美，简简单单一句肯定的言辞，传递出的是满满的善意。

“你的看法如何”，询问对方的意见，尊重对方的想法，让对方感受到你的信任。同时，虚心听从别人的意见，也往往能从中受益良多。

“咱们一起干”，代表着建立合作的美好期许， 一起努力，一起承担，一起分享。

“不妨试试”，用鼓励代替拒绝，会为自己带来更多的机会，也表示了对别人提议的重视，用一种开放包容的姿态，去接纳对方。

“谢谢”是叫我们要常怀感恩之心，感谢别人对自己的信任，感谢别人在合作过程中的付出。知道感恩的人更容易获得别人的帮助。

“咱们”，代表着从“我”和“你”变成“咱们”，从此是一个不可分割的共同体，共同承担责任，共同分享利益。这句话，往往能迅速拉近关系。

“您”，从字面理解，就是“你 + 心”，把你放在心上，是一种尊称，更是发自内心的尊敬。彼此尊敬，是建立合作的根本前提。

如果能做到以上八点，那么不管与谁都能建立信任与合作。良好的人际关系也就水到渠成了。

从人的本性而言，趋利避害，为了逃避惩罚，往往会倾向于掩盖错误，或者拒不承认。其实，很多时候，只要我们主动认错，会很容易拉近与别人的距离。

开始认错，说明你能够认清自己，对自己的优缺点了然于心。“人贵有自知之明”，主动承认错误，就是一个闪光点，就是一种大格局，人们当然会愿意选择这种人作为合作伙伴。

在我们的日常生活中，夫妻关系、亲子关系从某种意义上来说，也是一种信任与合作。

在处理这些关系时，如果能够灵活运用“雷鲍夫法则”，毋庸置疑，整个家庭氛围一定会非常温馨，亲子教育也会十分成功。

说到这里，我们不妨一起来看一个关于雷鲍夫法则的小故事。

【雷鲍夫法则案例】

爸爸给两岁多的女儿茜茜买回来一罐彩泥，茜茜开心极了，一拿到手便专心地玩起来，她把自己最喜欢的颜色粉色、黄色、绿色全部拿出来，揉到了一起，顿时看起来成了脏乎乎的一团。爸爸看到了，非常生气，觉得简直就是浪费。于是狠狠地批评了茜茜。茜茜一言不发，嘟着小嘴，泪水在眼眶里打转。爸爸训完她就出差去了，这一路却总想着茜茜委屈的样子，又不禁心生怜爱。想着想着，开始自责：玩具本来就是给她玩的嘛，怎么玩随她就好了。也没人规定彩泥就必须怎样去玩，而且孩子都有自己的想法和创意……

出差回来一到家，爸爸便抱起茜茜，看着她，真诚地道歉："对不起，茜茜，那天你玩彩泥，爸爸不该凶你。爸爸错了，你可以原谅我吗？"

"可以啊。"茜茜的声音稚嫩又干脆。

爸爸有些感动，吻吻她继续说："玩彩泥有很多方法，但是爸爸不清楚，你可以教教我吗。"

"好呀，但是你可不要生气了哦。"茜茜说着，一边去拿来彩泥，这一次，她拿出蓝色、白色、红色，又揉到了一起……然后对爸爸说："爸爸你看，我们用三种颜色的彩泥就能做出一只变色龙噢。"爸爸突然想到不久前和她一起读的绘本《变来变去的变色龙》。不禁大赞："茜茜你真聪明啊，这真是个好主意，咱们一起试试看吧！"

于是，各色彩泥全部被混在一起，看起来乌七八糟，但是父女两个玩得不亦乐乎，最终他们的作品一四只变来变去的变色龙，看起来真不错，爸爸把它们放在了客厅橱柜最显眼的位置。

这位爸爸非常聪明，很快认识到了自己的错误，并勇于承认，小孩子则远比我们想象的要豁达宽容，一听到爸爸道歉，马上冰释前嫌。家长以身作则，小茜茜日后也一定会更容易面对自己的过错。另外，爸爸认错之后，给予了茜茜足够的尊重，不再去干涉她按照自己的想法玩彩泥，很好地尊重了孩子的想法，保护了她的创意。

我们相信，每个家长的初衷，都是培养一个聪明快乐的孩子。但是，就给孩子道歉这件事，家长们往往碍于面子，很少去做。

其实，在孩子面前承认自己的错误，是建立信任的有效方法——噢，原来大人也是会犯错的，他们并不是高高在上的权威，而是和我一样，会真实地犯错、诚实地认错。给孩子建立这样一种印象，会令他们更信任父母，从而在父母面前更轻松自如，更愿意诚实地表达自己的想法。

另外，重要的还有一点，那就是尊重，即便是婴儿，比如什么时候吃，吃什么，吃多少，也需要被尊重，每个人都有自己的自由意志，只有给予充分的尊重，才能使他们充分发挥自己的智慧，才会令合作更加完美。

“雷鲍夫法则”具有神奇力量，如果我们能将之用于自己平时的待人处事，一旦成为习惯，相信我们一定能在各个领域都如鱼得水，游刃有余。认识自己，尊重他人，就将“雷鲍夫法则”时刻谨记于心吧！

马蝇效应：懒马被马蝇叮咬，也会飞快奔跑

在广袤无边的非洲大草原上，雄狮躲在灌木丛后边，屏气凝神，伺机而动，不远处是奔腾而过的马群。马群奔腾并不是因为惧怕雄狮，而是，它们身上有一种叫作马蝇的虫子。

马蝇以马类动物的血液为生，叮咬起来会造成一阵剧痛，即便再懒惰的马，为了摆脱马蝇，也会拼命奔跑。并且，正因为有了马蝇的叮咬，马匹往往变得更有活力，生命力更旺盛。这就是“马蝇效应”一词的来源。延伸到人类活动中，就代表着：一个人不管多么懒惰倦怠，只要有正确的激励方法，就会奋发向上，勇往直前。

事实上，每个人都有一定的惰性，在没有压力刺激的情况下，都更倾向于选择安逸，因而大多数人都会平庸地度过一生。

聪明的上司会找到员工真正的欲求，以此作为有效的激励；明智的教练往往能够帮学生找到最好的竞争对手，以此作为最有力的刺激；灵巧的女人懂得怎样把话说到男人心坎上，怎样把事做到打动人，以此作为被爱的资本。

聪明的上司、明智的教练以及灵巧的女人，他们之所以成功，皆因有个共同点，那就是，找到了对方的“马蝇”，释放正确的刺激，从而产生正确的反应。上司找到了员工的“马蝇”，就能大大提高公司业绩；教练找到学生的“马蝇”，就能激励学生发掘出潜能；一个女人如果能找到老公的“马蝇”，将会收获一生的宠爱。

很多时候，“马蝇”代表着人们的欲望，而人的欲望也通常各有不同，有的是金钱，有的是权力，有的是荣誉，还有的是尊重、是成就感……不同的人，欲求也大相径庭，我们需要有的放矢，投其所好，也就是说，你得找到对的那只“马蝇”，才能对症下药。

马斯洛理论认为，人类最普遍的需求，就是被重视、被认可，即产生价值感。因此，当你告诉对方，“你这样做是非常值得的”，并让他自己也深深意识到这种价值感，这将是一种非常有效的激励。

接下来，我们通过一个小故事，来具体说说“马蝇效应”。

【马蝇效应案例】

小莹刚大学毕业时，找到了一份培训机构招生顾问的工作，这种销售类工作，要求接触大量的陌生人，并将他们转变为自己的客户，这对于性格内向的小莹来说，实在是一件比登天还难的事。她的专业知识相当丰富，但是招生业绩却始终平平，同事们甚至都觉得这份工作并不适合她。

正当小莹考虑着准备辞职转行的时候，他们公司调来了一位新主管。这位主管，每天晨会时都会让大家喊一遍口号：“帮助别人，成就自己。”

不知不觉中，小莹发展的客户多了起来，最近还成为了季度销售冠军，站上了领奖台。大家都惊叹于她突然快速的成长，小莹在获奖感言中则说：这一切成功，都要感谢新主管，是他让自己找到了这份工作的意义。“帮助别人，成就自己”，让她感受到了无穷的动力，每次遇到困难想要放弃时，她就会想：“我这是在帮助客户啊，我应该尽力告诉客户，我们的课程究竟有什么优势，可以从哪些方面去帮助他。每当客户成交，我自己也会特别开心、特别有成就感，因为是我帮助了他。”

原来，就是这份助人为乐的成就感，改变了小莹的想法：工作不仅仅是为了赚钱，而是为了帮助别人，顺便成就自己。因为内在力量被激发，小莹的工作业绩也就理所当然地迅速提升了。

在上面的案例中，本来小莹对这份工作的态度相当消极，但这位新来的主管，却找到了属于她的“马蝇”——帮助别人的成就感、价值感。一句小小的口号，却产生了神奇的力量。

生活中，并不是所有人都能够如小莹一般幸运，碰到为自己找到“马蝇”的人。在我们的人生中，我们应该化被动为主动，除了要找到别人的“马蝇”，更重要的，是要能主动找到自己的“马蝇”。给自己施加点压力，适当的压力即是动力，能促进我们更快地向前奔跑。

既然“马蝇效应”有如此强大的力量，我们就应该充分发挥“马蝇”的作用，为我们的成功之路披荆斩棘，为我们的人生堡垒添砖加瓦。

那么，我们应该怎样去寻找“马蝇”呢？以下建议，值得参考（如图 10）。

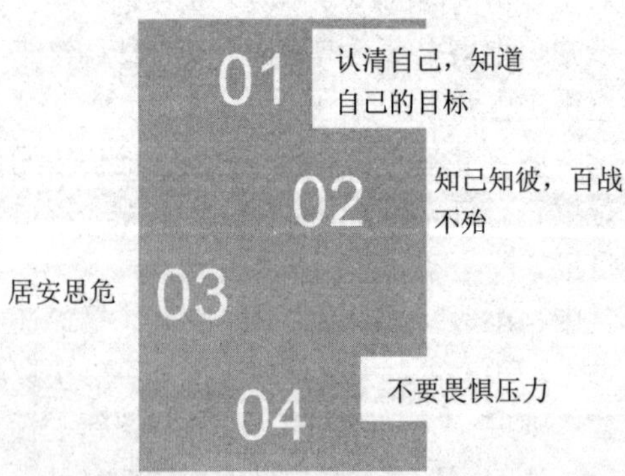

图 10　找“马蝇”的方法

★认清自己，知道自己的目标

目标要明确，方向要准确，这样你的拼命奔跑才会有意义。因此我们一定要认清自己，知道自己想要什么，欲望在哪儿。

★知己知彼，百战不殆

要找到别人的“马蝇”并加以利用，就要站在对方的角度去想问题，知道别人想要的是什么，欲望在哪儿。

★居安思危

古人说“生于忧患，死于安乐”，不要给自己倦怠、安逸的机会，在不同的阶段，找出不同的“马蝇”，来促使自己马不停蹄，一往无前。

★不要畏惧压力

不要害怕“马蝇”，直面压力，战胜自己，将压力转化为动力，勇者无敌。

“马蝇效应”堪称为一把利剑，可能会令人痛苦，但更重要的是能够催人奋进、实现理想。与人相处沟通时，找到对方的马蝇，方能起到有效的激励作用，产生积极正面的影响。在面对自己时，找到自己的“马蝇”，方能催促自己不断奋进，勇往直前，最终达到人生巅峰。

特里法则：承认错误并不是丢脸的事

美国田纳西银行前总经理L•特里指出：“承认错误是一个人最大的力量源泉，因为正视错误的人将得到错误以外的东西。”我们将这一观念称为“特里法则”。

“特里法则”的核心认知在于—敢于承认错误，这件事本身意义非凡、价值深远。

有段时间流行的短视频集《一禅小和尚》，里面那个小和尚聪明可爱萌萌哒，一日犯错了，请求师父原谅，师父语重心长，教导徒儿：“一禅呐，师父生气并不是因为你偶尔调皮，也不是因为你成绩不好。为师生气只因为你做错事之后还试图掩盖，逃学之后说谎，考砸之后藏试卷，你以为师父不知道吗？我们为人做事，错了有什么要紧，改了不就好了。惭愧跟掩饰大概是世上最无用的事了。”一番话，简单直白，说的无非是要勇于认错、知错能改。

犯错之后，心怀侥幸，觉得别人可能不知道，试图掩盖，这种把别人当傻子的行为，其实才是最傻的。勇于认错，才是一个有责任有担当的人应有的品质，才能让我们与他人之间产生信任，更好地相处。

说到这里，我们先来看一个案例。

【特里法则案例】

汉高祖刘邦，出身布衣，屡战屡败，最终却建立大汉王朝，成就丰功伟业。他之所以有这样的成就，与他胸怀豁达、勇于认错的行事作风密不可分。

汉高祖七年，因为不听娄敬的劝阻，刘邦起兵反击匈奴，遭遇“白登之围”，事后认识到自己的错误，向娄敬赔罪，封他为侯；鸿门宴，张良向刘邦献计，帮助他脱身，刘邦感慨“夫运筹帷幄之中，决胜千里之外，吾不如子房”。虽然贵为帝王，刘邦依然能够抛开颜面，主动向下属承认错误，正确认识自己，承认自己的不足，因此身边谋士良将人才济济。

而三国时期的袁绍呢，出身官宦世家，号称“四世三公”，手握军政大权，最后却倾家荡产，成为“把一手好牌打得稀烂”的经典案例。

官渡之战，袁绍失利，从此江河日下。在这场战役中，本来谋士田丰建议，用持久战术对付曹操，袁绍不但不听劝谏，还一怒之下将田丰关进大牢。之后，袁军大败，袁绍虽然意识到错怪田丰，但并没有认错悔改的意思，反而碍于面子，恼羞成怒，杀害田丰。田丰之死，令一众将领心寒失意。最终袁绍一败涂地。

意识到自己的错误并不难，但知错认错，需要莫大的勇气；知错就改，则需要巨大的智慧。历史中，但凡能有刘邦这样大度气量的人，一定都功成名就、坐拥辉煌，而不能正视自己的错误，如袁绍这样的人，都一错再错，最终无可挽回。

“金无足赤，人无完人”，没有人可以免于犯错，犯错也并不可怕，重要的是犯错之后以什么样的心态去面对。有人为了所谓的颜面，刻意隐瞒，而有的人则能聚集勇气，正视问题，亡羊补牢。

当我们领悟人生本质，就不难发现，面子，实在是最无关紧要的东西，碍于颜面，而逃避认错，放弃了认错的机会，也就是放弃了自我成长的机会，也就是放弃了别人对我们的信任。因小失大，得不偿失。

要明白，认错，并不是一件丢脸的事，我们应该摆正自己的心态，在内心坚定这样一个认识：勇于认错、知错就改才是正途。

孔圣人教导我们“知耻近乎勇”，《左传》里也说“知错能改，善莫大焉”。事实上，主动承认错误的人，不仅不丢脸，反而散发着真诚之光、谦逊之美，往往更容易获得别人的尊重与原谅，也会获得更多的帮助，让我们与他人更和谐地相处。人们一旦开始正视自己的错误，勇于承认，那么错误就不仅仅是错误，错误也不是结束，而是通往成功的开始。谁不是在一次次犯错中摸爬滚打、积累经验呢。尤其那些空前绝后成就伟业的人，没有所谓的前车之鉴，全凭自己摸着石头过河，在一次次错误中反省、收获、成长。正是因为他们有认错的勇气，有从错误中学习的智慧，才能获得更多助力，在曲折中前进，在错误中进步。

我们常说：“跌倒了，也要抓起一把沙子。”只要善于从错误中学习，找到错误的原因，为以后避开错误提供经验，将错误本身也变为一种收获，那么失败就一定是成功之母，成功就指日可待。

“特里法则”告诉我们，承认错误，就能从错误中有所收获，错误也能为我们提供强大的能量。那么具体应该怎样运用“特里法则”呢？

★及时反省，认识到错误

古时圣人“一日三省”，我们应该时常反省自己，自察内在，及时地发现错误，并勇敢地承认错误，把错误扼杀在摇篮里。

★分析原因，纠正错误

一旦错误发生，要理性思考，找到原因，看看有没有补救的方法。如果没有，则要进一步分析，下一次应该怎样避免出错。

★深刻总结，从错误中学习

每次犯错，都是一次学习进步的机会，一定要正确面对，好好把握。

进步，从承认错误开始。良好的人际关系，也可以从认错开始。真诚面对自己和他人，则能获得更多的尊敬，得到更多的帮助。如果你渴望成功，如果你渴望别人的信任，建议你善用“特里法则”，千万别因为“死不认错”而破坏了自己的形象，从而失去别人的信任和帮助。

费斯诺定理：多听少说，是一个成熟的人最基本的素质

费斯诺定律指出：上帝创造人，有两只耳朵，却只有一张嘴巴，意在让人们多倾听少说话。多听、少说是一个人成熟的表现。

为什么我们要多听呢？

首先是因为别人需要我们的倾听，耐心倾听是对别人的一种尊重，满足别人的倾诉欲望是一种修养，是一种高级的处世之道；而且，多听可以帮助我们获取充足的信息，能更好地了解对方，而真正的了解，是进行良好沟通的基础；另外听得多了，从别人身上学到的东西就多，取之所长，补己之短，使自己不断进步；再者，注意倾听，让对方畅所欲言，才能形成良好的沟通氛围，以实现良好的沟通效果。

为什么我们要少说呢？

古人说，“言多必失”，说得越多，出错的机会就越多。宋朝的袁采说：“言语简寡，在我可以少悔，在人可以少怨。”说出去的话，泼出去的水，话一旦脱口而出，再无挽回的余地。少说话，自己少后悔，别人也少埋怨。现代人常挂在嘴边的一句话

就是："说多了，都是泪。"伤心难受的事，更不必多说。聪明人，闲话少说，长话短说，废话不说。

另外，如果说得多了，自然倾听别人的时间就少了，没有充分地了解对方，沟通则毫无意义。而且你说得多了，对方说得就少了，相当于你占据了传播资源，剥夺了别人的表达权利，不仁不义。常言道：沉默是金。少说话，是一种智慧。鼓励对方多说话，谦和礼让，更能受人尊敬。

多听少说，并不是让我们什么都听，全盘接受别人的表达。那么，我们应该怎样去听呢？以下的几点建议值得参考：

★保持耐心，听对方说完

既然已经知道了倾听的重要性，已经下定决定要好好倾听，那么就一定要在内心告诉自己，不管对方说什么，不要随意打断，不要反驳，更不要批评，耐心听对方说完。只要我们肯耐心倾听，任何人都能清楚完整地表达自己。

★集中注意力，真诚地听

与说话者要有目光对接，表现出对谈话内容的兴趣，这种表现，不是刻意装出来的，而是当你集中精神，专心倾听时，身体自觉自然的反应。任何的小动作、分心，都会影响谈话者的情绪。

★多点头，表示理解

点头是最好的互动，表示认可、认同，你的理解，能大大提升谈话人继续交流的欲望，让对方充分表达，才算得上一个合格的倾听者。

多听少说，是一种能力，是一种修养，是一种付出，更是一种尊重。具备良好倾听能力的人，懂得适时的沉默，往往给人一种谦虚稳重的感觉，更容易获得别人的尊重与信任。平时说得少，关键时刻，才能一言九鼎。把更多的表达机会留给他人，拒绝贪婪与自私，是一种极高的品格修养，能散发出巨大的人格魅力。

有人说："我们用三年的时间学会了说话，却要用一辈子的时间来学会闭嘴。"夸夸其谈口无遮拦的人，也往往惹是生非，遭人嫌弃；而智者往往讷于言而敏于行，他们总是知道什么时候该闭嘴，最终用实际行动来令人信服。

面对下属，多听少说，才能充分了解民意，以人为本，更好地实施管理；面对客户，多听少说，充分了解他们的需求，才能精准地销售；面对爱人，多听少说，则会减少很多矛盾，相处更融洽；面对孩子，多听少说，给予充分的尊重，孩子才会愿意向你敞开心扉，少一些叛逆；面对老人，多听少说，毕竟他们年龄大了，说话的机会越来越少了，现在能听到他们的唠叨，又何尝不是一种幸福呢！

当我们充分利用“费斯诺定律”，学会了多倾听、少说话，内在的力量便会浮现，人们就会带着更多的善意走近你，也就意味着你会拥有更多的帮助和机会。倾听，就是你实现成功的垫脚石，倾听越多，垫脚石就搭得越高。少说话，惜字如金，你的寥寥数言，就真的会显得精辟和珍贵，从而得到别人的重视。

管理有序法则：为什么你总是管不好 90 后员工

在飞速发展的互联网时代，企业管理也要做到与时俱进。面对年轻一代的员工，管理者要摒弃陈旧的管理思想，用全新的眼光来看待企业管理。从管理有序法则中发掘出新的管理智慧，从贴合时代的角度揭示企业管理的奥秘，可以让管理者把握新时代的企业管理原则。

彼得原理：不是员工不好管，是你没给 Ta 合适的位置

管理者总是抱怨员工不好管。问题是，到底是这些员工不好管，还是管理者不会用人，没有把员工放在合适的位置上呢？

一般来说，如果管理者不会用人，就会导致企业组织臃肿，人浮于事，陷入“彼得原理”的泥潭中。

彼得原理是美国学者劳伦斯·彼得提出的，它阐述了这样一个现象：各种组织和企业中，管理者习惯性地对各个层级上表现称职的员工进行提拔晋升，最终员工会被晋升到一个他无法胜任的职位。

彼得定律一旦开始发挥作用，企业就要面对这些可怕的事实：因为每个人的能力都是有限的，所以也有被提拔的上限，一旦企业中的管理层都达到了被提拔的上限（即彼得高位），那么企业中所有的管理岗位都会被不称职的人占据；由于管理者不称职，他们还会雇佣更多能力不如他们的人作为下属。如此一来，企业的组织机构就会越来越庞大，办事效率也会越来越低下。

所以说，把一名员工晋升到不适合他的职位，不仅不能激励员工，反而会使他无法发挥自己的才干，从而让企业蒙受损失。

下面案例中的李明就是这样，他从技术专家晋升为项目经理后，反而在工作中处处碰壁。

【彼得原理案例】

李明在一家互联网公司工作，他虽然是一个 90 后的年轻人，但是由于专业技术过硬，很快就成为了公司里的技术专家。在过去的几个项目中他表现突出，受到了公司上层的赏识。最近，公司又有新项目要开始运营，由于过去的突出表现，他被提拔为项目经理，负责管理整个项目组。在公司领导看来，李明这样的技术专家精通本专业，在技术人员组成的团队中又有威信，能够在专业上指导下属，由他来领导新项目比一般管理人员更有优势。

可是，事实却并非如此。新项目的进展非常不顺利，李明经常要解决下属之间的分歧，跟其他各部门协调，还要把握整个项目的运营，这对他来说比钻研技术要难得多。而且，由于对专业的精益求精，李明事必躬亲，常常插手下属的工作，让下属对他意见很大，新项目进展不顺，上司也对他很不满。

李明觉得，自己虽然升职了，但是在工作上的成绩还不如以前，他感到非常苦恼。

案例中的公司领导不能知人善任，不懂得把员工放在适合的位置上，不仅没有让公司产生一个优秀的管理者，反而还少了一个技术专家。

很多公司的管理者在提拔员工时都有这种“唯业绩论”的思想，把销售冠军提拔成销售经理，把一流的技术工人提拔成车间主任，这样的晋升方式看似很合理，却没有考虑到员工的专业能力是什么，以及他们擅长的领域在哪里。这种用人思想，很容易让公司陷入彼得原理的陷阱。

那么，作为管理者，我们怎样才能判断公司是否已经陷入了彼得原理的陷阱呢？由于企业的组织环境和商业目标存在差异，所以很难一概而论，但是下面的这些现象可以说明一定问题，如果企业中已经出现了这些现象，就说明“彼得原理”已经开始发挥影响了。管理者们应该警惕这些现象：

★管理层总认为员工没有执行力，喜欢插手具体工作。

管理者一定要知道，个别员工的执行力差，是他的态度和能力有问题。整个公司的执行力差，那就是管理有问题，企业执行力差的本质是管理层能力不够。如果一个有超过 20 名下属的管理者还在插手工作的细节，那么他已经处在了彼得高位。此时的他是无法胜任自己的职位的。

★重要的事务决策得快，平常的事物反而决策得慢。

产生这样的现象是因为，管理者已经处在了彼得高位，对重要的事务没有充分研究，所以决策做得很快。而平常的事物，由于管理者对其非常熟悉，反而会反复斟酌后才做出决策。

★人浮于事，公司发展停滞

处于彼得高位的管理层会不自觉地雇佣能力平庸的下属，这就造成了人浮于事，效率低下。当能力平庸的人占据公司管理岗位时，整个公司的发展就会陷入停滞。

★把忠诚度作为提拔人的主要标准，裙带关系横行

任何深陷“彼得原理”陷阱的公司都无法避免裙带关系的产生。因为，当所有中层都成为彼得高位时，由于他们无法胜任自己的职务，就会导致公司业绩难以提升。下面的员工没有了业绩作为晋升资本，自然就会争相向管理者表“忠心”，裙带关系就这样产生了。

了解了上面这些现象以后，作为管理者要如何应对彼得定律呢？如果你是一位有责任感的管理者，或者公司创始人，可以采取以下的方法来防范“彼得定律”：

★杜绝任人唯亲

任人唯亲会让企业迅速陷入“彼得原理”的陷阱，管理者们应该绝对杜绝。任人唯亲会导致一部分员工由于晋升无望而消极怠工，另一部分员工却争权夺利。这将完全违背管理层用晋升制度激励员工的美好初衷，让员工为了一个不适合的岗位浪费大量精力和时间，发挥不了自己真正的才干，也不能真正地为公司创造价值。

★知人善任，“唯绩效论”不可取

提拔绩效最好的人，看似合理，却很容易让企业陷入彼得原理的陷阱。就像前文案例中的李明，不适合的职位反而阻碍了员工创造绩效。管理者在提拔员工时，应考虑到岗位的职能和要求，以及员工的能力和专长。

★建立宽带薪酬体系

所谓“建立宽带薪酬体系”就是拉低不同层级员工之间的薪酬差距，拉高同一层级员工之间的薪酬差距。并不是员工的级别越高，薪水就越高。管理者要让员工知道，只要工作能力强，不用晋升管理岗位也能加薪。比如，一位优秀医生的薪水可以超过院长的，一位技术专家的薪水可以比经理的高，一位优秀销售员的薪水可以远远超过销售经理的。只有这样，员工才能在工作中找到自己的价值，并不断钻研自己的业务，让自己的才能更好地发挥出来。

历史上的明君都需要贤臣辅佐，成功的管理者也离不开员工的支持。只有知人善任才能把企业管理好，才能让员工心甘情愿地为公司服务。很多企业决策层不愿意把管理岗位交给年轻人，认为他们不好管、“不听话”，却没有反思自己在用人上出现的问题。只有管理者做到“知人善任”，企业才能不受“彼得原理”的影响。做好管理，就是要用好人。

罗森塔尔效应：想要人才，就要对员工有期待

罗森塔尔效应是由美国著名心理学家罗森塔尔提出的，它的具体含义是：管理者对员工的期待值和信任值越高，员工创造的绩效就越高；管理者对员工的激励和期待越大，收获的效益也就越大。

罗森塔尔是从实验中得到这个结论的。他在学校里随机选中了几名普通学生，对学校里的老师们说：经过测试发现，这几个孩子都有很高的天赋，只是潜能还没有被挖掘出来。于是，老师

们对这几个孩子都非常重视和期待。最有趣的是，这几个孩子在后来的考试中都取得了很优异的成绩。这几个学生受到了来自老师的激励和关注，并因此产生了努力学习的动力，进而取得了好成绩。这个实验告诉我们：老师的期待可以成为学生的动力，让学生变得更优秀。因此，罗森塔尔效应又被称为期待效应。

罗森塔尔效应之所以会发生作用，是因为人的情感和观念会不知不觉地受到别人的暗示和影响。大多数人在工作中都有过被领导鼓励的经历，当领导说出“我很看好你，你一定会做出成绩！”“我对你有信心，你一定能完成好这项工作！”之类的话时，我们的内心就会充满干劲，生怕自己辜负了领导的信任。由此可以看出，善用罗森塔尔效应的管理者可以让员工自觉地按照自己的意图完成工作。对管理者来说，对员工满怀期望，并通过鼓励和赞赏让员工了解到自己的期待，所产生的正面效果要远远大于死板的命令和监督。

每一个管理者都应该懂得，员工在工作中需要赞美和鼓励来保持自信，需要来自上级的期待来保持动力。管理者应该经常性地夸奖和赞美员工，对他们报以适当的期待。因为赞美是对员工莫大的鼓励，期待能让员工改变和成长。管理者对员工寄予什么样的期待，就能培养出什么样的人才。

下面案例中的罗经理就非常懂得用“期待”和“赞赏”来培养优秀员工。

【罗森塔尔效应案例】

罗经理是一家大型医疗美容机构的市场部经理，为了推广公司的新业务，她决定招聘一位新员工。经过几轮面试后，罗经理在几名面试者中选中了小米，虽然小米是一位刚刚走出大学校门的职场新人，但是，罗经理看中了她做事认真踏实的优点。

小米第一天入职，罗经理就把她叫到办公室，对她说：“那么多面试者中，我一眼就选中了你。我觉得你特别有潜力，而且做事踏实认真。虽然你现在还缺一些经验，但是只要你认真学习，一定会进步得非常快，我看好你！”小米听了这番话以后，工作上加倍努力，生怕自己辜负了罗经理的期望。一个月后，小米就因为出色的表现而提前转正了。罗经理又对她说："我果然没有看错你，接下来我们会有好几个大型的线上推广活动，你是年轻人，思维活跃，正需要你加入。"于是，小米在接下来几个月的线上推广工作中拼命学习，积累了很多相关经验。

又过了几个月，罗经理找到小米，对她说："上次的几个线上推广活动，你做得很好，想到的几个点子都紧扣年轻人的心理。我想找一个人专门负责公司的线上推广，我很看好你，希望你能尽快成长，早日把这一部分工作承担起来。"

通过罗经理一次次的鼓励和期待，小米找到了工作的目标，并最终成为了公司线上推广的负责人，通过优秀的创意为公司赢得了更多关注和业绩。

案例中的罗经理利用了罗森塔尔效应，只要小米一做出成绩，罗经理就及时夸奖和鼓励她，并对她提出新的期待，让她按照自己的期待一步步成长。最终，罗经理把小米培养成了她想要的人才。

管理者除了要及时鼓励和夸奖员工、对员工提出期待以外，还要懂得夸奖和鼓励的艺术，如果赞扬和鼓励不当，不但不能激励员工，还会适得其反。对员工的期待也应该适当，不要超出员工的能力范围，达不到的"期待"反而会让员工失去动力。

管理者在鼓励和夸奖员工、对员工提出期待时，必须遵守具体、真诚、及时和适度等原则（如图 11）。

图 11　夸奖员工应遵守的原则

★夸奖要具体

夸奖员工时一定要做到言之有物，要指出员工具体的工作成绩和员工为此付出的辛苦和努力，以及工作完成过程中克服的种种困难。只有这样言之有物的夸奖，才能让员工感受到自己付出的心血被管理者看在眼里，自己的努力没有白费，进而被激发出更大的精神动力。

★肯定要及时

员工表现好、业绩好，或者提出好建议、好想法时，管理者都要立刻给予肯定。哪怕事后再怎么表扬员工，都不及当时、当面的一个小小肯定。如果管理者不能做到发现好人好事、及时肯定员工，那么员工就会觉得工作做得好与不好都是一样的，从而对工作产生消极的情绪。

★鼓励要真诚

管理者鼓励员工的态度一定要真诚，要发自内心，不要面无表情，敷衍了事。不真诚的鼓励不仅不会起到激励作用，还会让员工感觉不愉快。只有真诚热情的鼓励，才能被员工真正接受。

★期待要适度

管理者对员工提出期待时，一定要注意适度，要考虑到员工的能力、专长和性格特征，还要符合员工的职业规划。如果管理者对员工的期待过高，那么员工的信心和积极性就会因为恐惧无法完成而受到打击。

如果管理者善于利用罗森塔尔效应，经常对员工给予表扬和鼓励，并提出自己的期待，激励他们努力工作，那么就能让员工更优秀，让公司业绩更好。

奥卡姆剃刀定律：管理的套路简单点

奥卡姆剃刀定律是14世纪的逻辑学家奥卡姆提出的，他主张“切勿浪费较多东西去做用较少的东西同样可以做好的事情”，即用最简单高效的方式去完成事情。用“奥卡姆剃刀”剃去不必要的、复杂的部分，让事物保持简单化。在企业管理中，化繁为简是应付纷繁复杂局面的最有效方式。

这个原理虽然古老，但放在今天的企业管理中依然适用。而且“简单有效”是90后员工所推崇的工作方式，复杂的工作流程和臃肿的组织结构，都严重地影响着年轻员工们的工作积极性。所以，管理者也要跟上时代的步伐，用“奥卡姆剃刀”对自己的企业和管理进行简化。

对管理者来说，复杂的组织结构和工作流程会让他们无法集中精力抓主要矛盾，反而把大量时间和精力花在了毫无意义的事情上面。所以，在实际管理中，管理者要懂得给企业“瘦身”，这样才能让企业提高效率更有活力。用“奥卡姆剃刀”剃掉臃肿的组织和烦琐的程序，留下的就是简单和高效，产生的就是绩效和创新。

现在有很多优秀公司的管理者都应用了奥卡姆剃刀定律，他们对公司的组织结构进行简化，公司不设永久部门，没有传统的垂直层级。虽然这些公司体量庞大，但是公司中的管理层却很少，员工不需要给上司写报告，只需要在工作中解决问题，生产效率因此大大提高。在快节奏的当今社会，效率就是生命，只有让公司简单化，才能提高公司的业绩和竞争力。

小米公司就是一个典型的例子。

【奥卡姆剃刀定律案例】

小米公司的全职员工有一万多人，而它的组织架构层级却很少。在发展初期，小米公司的管理层级一共只有三级，分别是核心创始人、部门领导和员工。在小米，它们保持了灵活的小团队模式，把员工划分到了各个小团队，除了七位创始人有职位外，其他的人都没有职位。对员工的奖励就是涨薪水，用加薪代替了职位晋升。

而且，在发展初期，小米公司除了每周一的“公司级别例会”以外很少开会，七位创始人在刚开始的几年时间里只开过三次集体大会。

正是有了这样简单的管理模式,才有了小米公司的高速增长,才让所有的员工将所有的精力都集中在了做事情上，让整个公司都把目光聚焦在了产品上。

从小米公司的例子中，我们可以看出，简化的管理能让整个公司更专注、更高效。所以，管理者应该学会：不要把简单的问题复杂化，要把复杂的问题简单化。企业要在这个互联网时代求得生存和发展就要追求效率、专注产品，管理者们要学会利用奥卡姆剃刀定律。不过，在运用奥卡姆剃刀定律时，应该注意以下几点：

★简化企业的组织结构

组织结构扁平化、简单化和非等级化是目前企业组织变革的大趋势，在这种新型的组织结构中，等级观念被削弱，分工合作的关系被凸显出来，权利被分散到了员工中间。企业中的信息传递不再是自上而下的，而是管理者和员工之间进行相互沟通。这种组织架构，会让员工的积极性大大增加。而且可以让管理者和员工目标一致，共同为企业创造收益。

★取消工作中不必要的流程

很多企业的工作中总是有许多不必要的流程，特别是传统企业中层层申报、层层审批、层层签字的环节，浪费了大量不必要的时间。而且复杂的流程容易让人迷失。工作流程简单清晰，员工才好理解和操作。有些管理者分不清事情的轻重缓急，让简单的工作变得复杂又烦琐，既降低了效率又不能解决问题。所以，管理者应当适当地简化工作程序，把不必要的程序取消或减少。

★关注企业的核心价值

关注企业的核心价值，就是关注企业的核心竞争力，建立企业的核心优势。要建立核心优势，就必须把资源集中在公司最有价值、最有利可图的业务上。把那些没有竞争优势的业务进行整顿、出售和关闭，不让它们占用过多资源。这样才能保证企业的核心利益，才能让企业在竞争中立于不败之地。

如果管理者不会将管理化繁为简并分清事情的轻重缓急，他就会变成一个失败的管理者。真正的管理就是简单化，只有简单化才能让企业提高效率、专注核心价值，进而获得更多收益。所以，优秀的管理者一定要学会运用奥卡姆剃刀定律，让管理简单化。

儒佛尔定律：不预测，怎么能做决策

在互联网技术飞速发展的今天，人们早已进入了“信息爆炸”时代，每天都有数百亿条信息在世界各地不停地传递着。这些信息也被人们看作一种宝贵的资源，与自然资源、财务资源和人力资源一起被统称为现代社会发展的四大资源。

无论是哪个国家和地区，如果要让经济迅速发展都必须重视信息资源，对它进行合理利用。对企业也同样如此，要在瞬息万变的市场中抓住机遇，就要充分利用信息资源。一个嗅觉敏锐、眼光独到的管理者才能从繁杂的信息中预测市场的未来走向，并根据预测结果为企业做出正确的决策。

预测，关乎企业的生存和发展。法国未来学家儒佛尔就提出了“没有预测，就没有决策的自由”的观点，他认为管理者在做出决策之前，一定要对市场进行预测，有效的预测是管理者做出英明决策的前提。儒佛尔的这一观点又被人们称为儒佛尔定律。

要管理好一个企业，就要对企业的未来发展做好规划，而规划企业的未来就意味着管理者要对未来的形势做出准确预测。目前的经济环境复杂多变，市场需求不断变化，科学技术日新月异，处在这样的环境下，管理者更应该做好预测，为企业把握好未来的机遇。预测的主要目的，是了解对企业未来经营活动具有重大影响的因素和事件，为决策提供有效依据。

所以，管理者一定要有灵活的头脑和迅速的反应能力，能通过各种蛛丝马迹对未来形势进行预测。管理者需要关注企业、行业和整个社会的发展态势，而且要关注来自各方面的有用信息，哪怕是一个新闻事件、一次谈话，只要管理者善于分析和观察，就能从中得到自己想要的信息，并将之与企业发展联系起来，进行预测。管理者的准确预测，能带来正确英明的决策，引领企业走上上升和发展的道路。反之，企业就会陷入危机。

史玉柱和他的巨人企业，大家一定不陌生，他的企业就是因为错误的预测而走向了衰落。

【儒佛尔定律案例】

20 世纪 90 年代中期，史玉柱决定在珠海盖一栋大厦，这栋大厦原计划是建 38 层，但最后却被拔高到了 70 层。按原计划建一栋 38 层的大厦大概需要 2 亿元人民币的资金，而楼层增加了一倍后，所需资金高达 12 亿元人民币，工期也增加到了 6 年之久。

而且，更令人惊讶的是，从 1992 年 2 月大厦动工到 1996 年 7 月，这四年时间里史玉柱完全没有向银行申请任何贷款，完全靠自有资金支撑下来。

但是，史玉柱的巨人企业其实根本没有能力支撑这栋造价 12 亿元的大楼，这个史玉柱幻想中的巨人大厦抽干了巨人企业自己的“血”。

史玉柱之所以做出这个错误的决策，就是因为对市场和自身能力的预测不准确。可以说，错误的预测，是“巨人”倒塌的关键原因。

虽然，史玉柱后期又活跃于网游和保健品行业，但是从他的例子中我们可以看出，管理者在任何时候都要严谨地对企业本身做出准确评估，对市场环境做出有效预测，不要贸然做出风险较大的决策，否则会给发展中的企业带来重创。

准确的预测是为了做出英明的决策，进行准确预测的科学方法一般又可分为以下两大类：

★调查法

充分利用调查法，比如专家调查法或者民意调查法等。专家调查法是向行业专家征求意见，而民意调查法是面向消费者和生产者的，目的是了解他们对未来发展的意见。管理者可以从中了解居民消费需求、购买意图、市场动向和投资趋势。

★数据分析

大数据时代，当然少不了数据分析，比如时间数列法、指标分析法、因素分析法等。时间数列法是分析时间数列的组成要素、研究其变化形态的方法，它可以由过去的发展趋势来推测未来的发展趋势。指标分析法通过分析和研究各种经济变化指标，来预测经济形势的变化。因素分析法是分析预测对象与影响因素之间的关系，并建立经济数学模型来进行预测的方法。

这两类预测方法有各自的适用情况和优缺点，它们也可以相互结合使用，对预测结果进行检验和补充。在选择预测方法时，要根据企业的特点和决策的目的及要求来选择。

有效的预测能为企业的发展提供空间，能让企业在未来抓住更多机遇。企业要发展，管理者就必须学会准确预测未来形势。对管理者来说，了解国内外经济环境，熟悉市场，摸清产品生产和流通的各个环节等都是必做的功课。只有这样管理者才能预见未来、运筹帷幄，让企业立于不败之地。

酒与污水定律：注意，这 6 种“害群之马”留不得

试想一下，把一杯酒倒入一桶污水中，能得到什么？把一杯污水倒入一桶酒中，又会得到什么？答案都是：一桶污水。只要桶中有了一点点污水，无论是多还是少，一整桶美酒都会变成污水，这就是酒与污水定律。

如果把企业比作一桶酒，那么企业中的“害群之马”就是“污水”。在任何企业中，都存在着这样的害群之马，他们像酒桶中的污水一样破坏力惊人。一个正直优秀的员工进入混乱的部门后可能会被同化，而一个无能无德的员工会让整个部门变成一盘散沙。而最可怕的是破坏要比建设容易得多。管理者花费无数心血建立的部门，可能短短数日就被害群之马击溃。如果一个企业里有几个这样的“害群之马”，那么管理者再能干，其他员工再优秀，这个企业也会出现问题。所以，管理者不应该姑息害群之马，应该及时止损。

下面例子中的王副科长，就是一位典型的“害群之马”。

【酒与污水定律案例】

王某是某单位的副科长，他自认为自己是“老资格”，却在这次的科长选拔中落选了，因此心怀不满。但是王某没有在自己身上找原因，而是认为领导对他有偏见。所以，他多次找领导的麻烦，散布领导受贿的谣言，屡次搞罢工向领导提出“辞职”，严重影响了领导和其他同事的工作。虽然领导对他提出了严肃的批评，但王某仗着自己是“老资格”，继续我行我素，在单位里俨然一位刺头。

领导决定把这位“害群之马”请出去，于是一纸调令把他下放到了单位最“冷清”的分部，这个分部不仅位置偏远而且效益也不好，是个谁也不愿意去的地方。在分部待了没多久，王某就干不下去了，向领导要求调回原岗位。但是领导告诉他，要么在分部老老实实地干下去，要么就“批准”他辞职。

案例中的领导果断“处理”了王某这个“害群之马”，因为领导知道，企业要谋求发展，阻挡企业发展的“害群之马”就应该被淘汰。管理者应该意识到，淘汰“害群之马”是市场竞争的要求，为了保护其他员工的利益，管理者一定要克服感情上的障碍，要有果断清理“害群之马”的魄力。

在企业内部，有各种各样的员工，有的员工需要表扬和鼓励，有的员工需要教育和帮助，但是有一类员工却是“害群之马”，则要求管理者迅速处理、绝不姑息。企业中的“害群之马”有这六类（如图 12）：

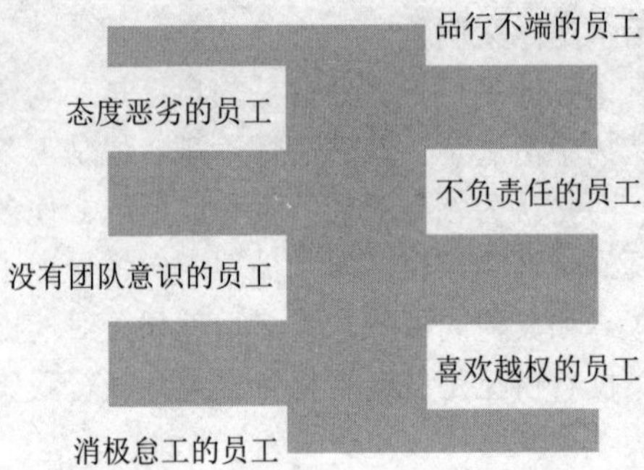

图 12 “害群之马”的六种类型

★品行不端的员工

品行不端、心术不正的员工即便没有做损害企业利益的事，对公司其他的员工也会造成不好的影响。比如，有的男性员工骚扰女同事，还有的员工偷窃同事财务。这些“害群之马”工作作风涣散，大错不犯，小错不断，严重破坏企业的风气。管理者不应该容忍这类员工，必须严肃批评，如果屡教不改，就要考虑辞退他。

★态度恶劣的员工

有的员工欺软怕硬、待人不善，丝毫不把管理者放在眼里，对其他同事也毫不尊重。这类员工常常仗着自己的一点工作成绩，在管理者面前闹脾气，对其他同事甩脸色，不配合工作。对于这种态度恶劣的员工，如果管理者不强硬回击，他们就会变本加厉。

★不负责任的员工

一个不负责任的员工会给企业带来很大伤害，他不能认清自己犯错的原因，也无法处理犯错的后果，更加不可能被委以重任。这类员工不会改正错误，却很会推卸责任，有时会把团队气氛弄得很糟糕。必要的时候，管理者应该毫不留情地予以辞退。

★没有团队意识的员工

一般来说，这类员工是管理者裁员时首先应该考虑的对象。因为没有团队意识的员工具有很大的危害性，可能使整个部门变得一片混乱，所以这样的“害群之马”必须要淘汰出局。这类员工一般喜欢单枪匹马地蛮干，从不和其他同事协作，喜欢表现自己，但能力又不够，专门做一些伤害团队利益的事。

★喜欢越权的员工

越来越多的管理者选择把权力下放给员工，让员工在工作中拥有更多的自主权。但是权力下放后，有的员工会很容易产生越权行为，不仅妨碍其他同事工作，还会干扰管理者的决策。员工的越权行为不仅是对管理者的挑衅，有时候还会让公司蒙受损失。管理者对待这类员工一定要态度强硬。

★消极怠工的员工

在企业中，有的员工经常迟到早退、找各种理由请假，这种员工会影响其他员工的士气，所以管理者要对他们进行严肃的批评。还有的员工工作效率低下，在办公室做私事、混时间，管理者也要视情况给予批评和警告。对于长期消极怠工的员工，管理者应考虑辞退。

管理者一定要牢记酒与污水定律，放任企业中的“害群之马”，就是损害企业的利益，就是对其他员工的不公平。如果遇到上文中提到的“害群之马”，管理者一定要警惕，果断处理。

下　篇

保持合适的距离，才能相爱相离

两性相处法则：为什么你们总吵架

如何处理好两性关系？这是人类社会中复杂而永恒的议题。两性相处法则从心理学和社会学的角度，为我们解读了两性关系中的规则和原理，也解决了我们对两性关系的一些疑惑，比如：两性之间为什么会互相吸引？为什么总为鸡毛蒜皮的事吵架？为什么距离太近，反而会让关系破裂？了解两性相处法则，能让我们学会用智慧去经营两性关系，获得更加幸福和谐的爱情和婚姻。

麦穗理论：不求最好的，但求最适合的

千百年来，时代变了，人变了，环境变了……唯一没有变的便是人们追求爱情的那颗炙热的心。《诗经》中写道："死生契阔，与子成说。执子之手，与子偕老。"这是人们对爱情亘古不变的追求。但又有多少人能真正地找到完美的爱情，找到适合自己 "执子之手，与子偕老"之人呢？

很多人往往在幸福的门外徘徊，为了追求最完美的爱情而摇摆不定，既怕错过了最好的爱情，又怕还有更好的在后面等待，患得患失。就这样一次次的犹豫，把原本属于自己的爱情推开。

在心理学中有一种理论叫做"麦穗理论"，正好反映了人们的这种矛盾心理。关于这个理论，有这样一个故事起源：

【麦穗理论案例】

古希腊著名的哲学家柏拉图曾向他的老师苏格拉底询问爱情

的含义。苏格拉底什么都没有说，只是把他拉到一片麦田，告诉柏拉图：“一直往前走，不能回头，摘一棵最大的麦穗来，记住只能摘一次！”

柏拉图最后从麦田走出来并没有摘一颗麦穗。老师问柏拉图：“为什么没有麦穗呢？”柏拉图说：“因为必须要一直往前走，不能回头，还只能摘一次。当我看到很大的麦穗时，担心后面还有更大的，就没有摘；但当我走到后面，才发现我之前看到的就是最大的，但是已经错过了，所以我什么也没摘。”

老师说：“这就是所谓的爱情。”

后来柏拉图又问老师婚姻的含义。老师仍然什么都没有说，将他带到树林里才说：“你去砍一棵最大的树吧，还是和上次去麦田一样，不能走回头路，只能砍一次。”这次柏拉图带出来了一棵普普通通的树，并说：“老师，我这次吸取了上次的经验，在走到一大半的路后仍然没有找到最大的树，于是看到这棵不太差的树就砍了下来，避免跟上次一样两手空空地出来。”

老师说：“这就是所谓的婚姻！”

其实，想要在茫茫麦田中找出一棵最大的麦穗何其难，几乎是不可能的事，因为我们不可能看遍每个麦穗来进行比较。而人们认为的“最大的麦穗”也往往是在错过之后才发现。在追寻完美的爱情时，我们因为有太多次的错过而疲惫不堪，所以最后也只能无奈选择一个“还不错的”，而这个选择不一定是那个“最大的麦穗”。这既是我们自己的选择，也是命运捉弄下的安排。

在现实生活中，我们都有着和柏拉图一样的困惑，渴望完美的爱情，却终究错过。要知道，童话般的爱情只会出现在童话故事里。真爱，可期不可遇，可遇不可求。上帝喜欢和人类开玩笑，爱情也喜欢捉弄人。我们满心期待完美爱情的到来，而它却总是悄无声息地来了又离开，或是因为没有共同语言，或是因为两人太过平淡，反正爱情总是留不住。当我们到了应该走进婚姻的年龄，那个心中最理想的恋人不是错过了，就是还没有出现，于是，很多人因为不愿继续等待，就会勉强步入婚姻。

事实上，在爱情和婚姻的世界里，从来就没有完美。每个人都想遇到自己心中的白马王子或者白雪公主，但又有多少人能够如愿以偿呢？俗话说："男怕入错行，女怕嫁错郎。"我们应谨慎地选择与我们共度一生的那个人，如果过于执着"最好的"那个人，很有可能错过。带着彼此合适的眼光去选择，才有可能走进幸福的婚姻。

很多人会说："那我就找一个最爱我的而且适合我的人结婚！"如果能有这样的结果当然是一件非常幸福的事，但"理想很丰满，现实很骨感"，有多少人能刚好在合适的年纪遇到那个人呢？也有人会说："我愿意等，直到那个人的出现。"如果这个等待是一辈子呢？我想大概没有几个人敢豪赌一生去等待吧。既然如此，何不珍惜我们手中已经拥有的这棵还不算太差的"麦穗"呢。

我们寻找爱情和婚姻的过程，就如同柏拉图走在一大片麦田中，想要在没有回头路的情况下，找到属于自己的那棵最好的"麦穗"一样，需要很大勇气，也需要非凡的努力。盲目草率地选择一个"麦穗"，或者犹豫不决摇摆不定，是不可能拥有幸福婚姻的。所以，在寻爱的旅途中，我们只有经过历练，在懂得自己想要的是什么之后，才能找到真正适合自己的另一半。

如果你经历过几次失败的爱情，请不要放弃，因为这很有可能是上帝给你的一种磨炼，要你在经历过失去、学会珍惜后，才会把你的真命天子送到你的面前。当年华逝去、青春不在，当缘分与爱情一次次与你擦肩而过，当所有的激情和浪漫都已消退，那个始终相随不离不弃的人，便是真爱。

优秀也好，不优秀也罢，只要他是能与你携手终生的那个人，只要他是最适合你的那个人，他便是你的所爱之人。因为只有他能与你风雨同舟、荣辱与共。爱情的最高境界，是男女双方相依相恋、白头偕老。那个人不一定是最完美的，却是最合适的，这才是美好爱情和完美婚姻的真相。

互补定律：各有所长，互相吸引

我们常常会看到一位女士，颜值高，身材好，但身边的男人却长相一般；或者一个英俊帅气的男人，搂着的女人却其貌不扬。这时我们总有一种“鲜花插在牛粪上”的遗憾，为什么总有这样不可思议的组合呢？难道真的是“鲜花还需绿叶配”？美女帅哥需要另一半的衬托？其实，“鲜花插在牛粪上”是鲜花和牛粪彼此之间更深层次的需要，牛粪为鲜花提供营养，同时也需要鲜花来掩盖自己的丑陋。从心理学角度上讲，这就是互补定律的表现。

其实，在日常生活中，很多男女选择在一起都是因为彼此之间能实现互补。颜值只是表象，更重要的是性格、习惯，等等。例如，一个大男子主义的男人，他的另一半往往是一个没什么主见的依赖型的女人；而一个沉默内敛的男人，往往会找一个活泼外向的女人；等等。有时当男女双方之间的气质、性格、能力、特长等方面存在差异，而这些差异又能满足彼此之间的需求时，便形成了互补，自然而然两个人就走到了一起。

下文中的王静和熊峰夫妇就很好地证明了这一点。

【互补定律案例】

王静人如其名，是个娴静的女人，而她的丈夫熊峰却非常开朗，也很幽默。两人是大学校友，当初选择在一起，恰恰是因为两人性格迥异，彼此爱慕，相互吸引。大学刚毕业他们便步入了婚姻殿堂。

婚后，性格开朗的熊峰经常带着妻子王静出去参加朋友聚会，隔段时间便出去兜风旅行，还鼓励王静与自己一同跑步健身。因为熊峰，王静结识了不少朋友，也走过很多地方，吃过很多美食。而王静呢，偶尔也会与熊峰分享自己看过的电影和小说，告诉他当下最新最火的好片子，还会为熊峰自制点心。他们都努力尊重对方的生活习惯和兴趣爱好，给对方留足自由空间。你在书房看书，我则在一旁打游戏；你在花园浇花，我则在旁边健身；你看电视我泡茶，你做饭来我洗碗……傍晚时分，霞光烂漫，小区里也经常出现他们夫妇二人携手散步的身影，羡煞旁人。

久而久之，两人竟然越来越像，王静慢慢变得开朗起来，甚至几乎每个周末都会和丈夫一起去户外运动，有时还会和丈夫一起看NBA，一起谈论体育明星；而熊峰也渐渐能领略安静下来品茶的乐趣，有时还会看看妻子写的东西，时不时地表达一下自己独特的见解。

就这样，王静和熊峰共同语言越来越多，感情越来越深厚，他们都觉得自己在对方的影响下，生活过得越来越丰富多彩，在两个人的相处中，既能享受自己的那份爱好，又能参与到对方的活动中去，走进另一个自己不曾了解的世界。

在我们的日常生活中，有很多情侣或夫妻都如同王静和熊峰一样，性格迥异，却过得快乐幸福，常言道“该相似的地方相似，该互补的地方互补”大概就是说的他们这样的相处方式。

这世上没有十全十美的人，每个人都有自己的优点和缺点，所以我们希望找到能弥补自己不足的另一半，最好是自己的优势也能弥补对方的不足，这样两个人的结合就是“锦上添花”，就能实现“一加一大于二”。

但现实生活中，也有不少人不懂得互补定律，不懂得利用对方的长处弥补自己的短处，常常会因为“性格不合”而分手或离婚。事实上，当出现“性格不合”时，可以如同王静和熊峰一样，相互尊重，相互配合，形成完美的互补模式。双方可以通过正确的沟通，调整自己的心态，多想着对方的长处，彼此努力去适应和接受对方的性格和习惯，久而久之，定能找到“互补”的乐趣和优势，彼此之间的感情会更加深刻而甜蜜，婚姻会更加幸福。

爱情或婚姻出现矛盾，双方出现不合是很正常的事情，每个人都是独特的，都有自己独特的性格，有自己的兴趣和习惯，但是这些“不合”是可以经过努力调和的，彼此互补，相互增益。具体在我们的生活中，该如何做呢？以下建议，可供参考（如图13）：

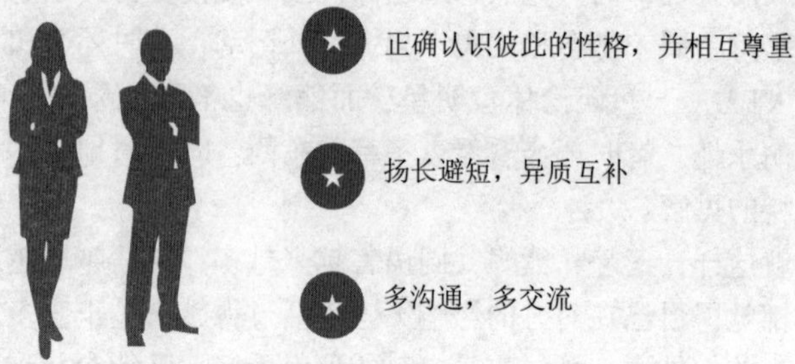

图 13　“不合”转化为互补的方法

★正确认识彼此的性格，并相互尊重

不同性格的人对待事物会有不同的处理方式。比如性格外向开朗的人，做事往往大大咧咧，很容易急躁；而性格内敛的人，做事情往往比较保守，却心思细腻、踏实可靠。男女双方在相处中，想要彼此互补，首先要了解自己和对方是什么样的性格，以及习惯怎样去处理问题，并充分地尊重对方，这样才能更好地相处。

★扬长避短，异质互补

在了解了彼此的性格差异后，男女双方在相处的过程中就要学会扬长避短，异质互补。所谓“江山易改，本性难移”，不管是情侣还是夫妻，都不要企图改造对方，应该在尊重彼此的基础上，试着相互理解、相互帮助，也可以学习对方的长处来弥补自己的不足。只有这样彼此才能实现“优势互补”。所谓“男女搭配，干活不累”，说的也是这个意思。

★多沟通，多交流

在日常生活中，情侣或夫妻之间应该经常沟通和交流，因为性格等方面的差异会给双方带来摩擦和矛盾，如果能较好地沟通交流，把各自内心的想法说出来，一起面对一起努力，那么所有的“不合”就会在双方的共同努力下转化为“互补”。

超限效应：越啰嗦，越反感

在日常生活中，常常有情侣或夫妻中的一方对另一方唠叨，而被唠叨的一方不明白为何自己会被唠叨，常常选择忽视或逃避，有时也会反抗一番。久而久之，喜欢唠叨的一方觉得对方不理解自己，越发唠叨；而被唠叨的一方却越来越反感，最后因为无法忍受而选择分手或离婚来让自己得到解脱。这其实就是心理学中“超限效应”的表现。

什么是超限效应呢？简单来说，超限效应就是当一个人因为长时间受到过多、过强的刺激，而造成心理上的免疫，有时还会产生逆反心理。就好比人手心的老茧会越磨越厚，因为只有这样才能保护好处于高强度摩擦下的手心。同理，人的内心也是一样，当受到过度的刺激后，心理的承受能力也会被“磨厚”，变得麻木以保护自己的内心。被啰嗦的一方就是如此，以反感的方式来保护自己。

要知道，超限效应是人的一种本能的保护机制。当你对你的另一半唠叨个没完没了时，对方有可能对你的唠叨听而不闻，有时甚至会反感，做出反抗的举动。久而久之双方的矛盾就会越来越深。卡耐基在《人性的弱点》里写道：“唠叨是爱情的坟墓。”事实的确如此，很多情侣或夫妻中的一方认为自己的唠叨是表达爱的方式，却不知道自己的唠叨会让对方反感，反而加深了彼此之间的误会和矛盾，彼此之间的感情也会被消磨殆尽。

说到这里，我们先来看一个因为妻子唠叨而导致丈夫出轨的案例。

【超限效应案例】

吴倩倩长得漂亮，身材也好，丈夫赵刚当初追了好久两人才在一起。两个人谈恋爱的时候，赵刚对她总是宠着、护着、爱着，一年后两人结婚了。

婚后，承受着来自工作和经济的双重压力，赵刚疲于应付，总是觉得很累，对妻子吴倩倩少了之前的热情，无法做到事无巨细、体贴入微。这让吴倩倩很是不爽，总觉得赵刚不再爱自己了，于是开始整天唠叨个不停："你为什么不听我说！""我让你去洗碗，你怎么还不去？"……吴倩倩的"千言万语"，让赵刚还未平静下来的心更加烦躁，很是反感，想要逃避。可越是这样，越是刺激了吴倩倩的"唠叨"。

日子久了，赵刚为了远离妻子的唠叨，便开始找各种借口晚回家，避免和妻子发生冲突，影响夫妻关系。可这却让吴倩倩怀疑赵刚在外面有了别的女人，为此，吴倩倩和赵刚闹得不可开交。

赵刚每天上班已经很累了，下班回到家还要面对吴倩倩的唠叨，让他苦不堪言。这时，办公室新来的女同事小王如同知心姐姐一样对他嘘寒问暖，看着温柔可人的小王，再想想家里的"管家婆"吴倩倩，赵刚感情的天平开始不受控制地倾斜了。日子一长，他便彻底沦陷了，出轨了，后来干脆跟吴倩倩提出了离婚。

看到长相不如自己、学识不如自己的小王，吴倩倩质问赵刚："她哪里比我好，你为了她要和我离婚！"赵刚的回答是："她哪里都不如你，但有一点，和她在一起时，我能得到安静和放松。而你除了唠叨还是唠叨！"

故事中，吴倩倩的唠叨让赵刚反感，并最终逼走了赵刚，把自己的丈夫推进了别人的怀抱。其实现实生活中，也有很多人和吴倩倩一样，因为自己的唠叨，把情侣关系、夫妻关系逼进了死胡同。

我们常常会听到情侣或夫妻中的一方抱怨："他真是没有救了，我说了无数次，他一次都没有听进去，还是我行我素。"可是这些抱怨者却没有想过，正是因为他们无数次的"念经"，另一方才会听不进去，甚至产生逆反心理。对着干，让他做的事情偏不做，这就是超限效应带来的结果。

有时我们自己认为是在和另一半分享自己的心事，可以彼此温存、拉近距离。但事实上，当对方处于烦躁的状态下，听到你的"千言万语"只会反感，而不会觉得有情趣。

有时候自己认为是关心另一半，总是把"吃饭了吗？吃的什么？""今天降温，记得多穿点衣服"……之类的话挂在嘴边。但事实上，对方很可能把你的这些"唠叨"当成了监视和操控。

可见，男女之间的相处、相爱，重要的并不在于你说了多少，而是在于你有没有真的让对方懂你，听进你的话。不考虑对方的感受，自己滔滔不绝地说，这样只会让对方认为你唠叨，认为你语言暴力。再坚固的感情，唠叨久了，也会出现裂痕。

那么，要怎么才能让自己避免唠叨呢？不如试试以下几招（如图 14）：

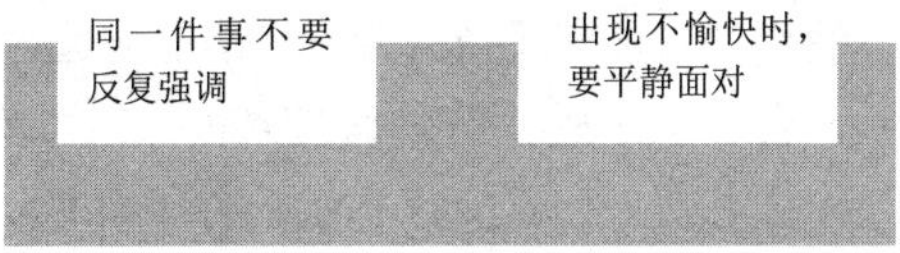

图 14　让自己远离唠叨的方法

★同一件事不要反复强调

当你让对方做某件事情时，说了三次后，对方还没有动静，就说明他不愿意做这件事。那么你就不要再反复强调了。因为你说的次数越多，对方会越反感，反而会坚定自己不做这件事情的决心。

★出现不愉快时，要平静面对

很多人喜欢把自己的心事说给爱人听，尤其是委屈或愤恨的事。却忽视了对方也有自己的烦心事，如果你把自己的烦心事强行灌输给对方，只会给对方增加烦恼，他会认为你总是在抱怨。因此，当遇到不愉快的事情时，不要一股脑儿地向对方诉苦，可以试着让自己平静下来，转移注意力，学着自我消化不良情绪，让自己重新变得乐观积极。

此外，其实还有很多让自己避免唠叨的方式，如当你看不惯对方的某些行为时，不妨离开十分钟 “眼不见为净”，等等。

要知道，情侣或夫妻中的一方唠叨其实是很难有任何成效的，只会让对方反感或者想要逃离。想要保持彼此之间和谐美好的关系，请从现在起，停止唠叨吧！

距离效应：保持合适的距离，才能相爱相离

很多人都说“距离产生美”，两个人确定情侣关系之前，因为有一定的距离，彼此之间的认识是模糊的，眼里都是对方的优点，于是相爱了。而当两个人相爱后，零距离的相处，放大了各种缺点和不足，性格、生活习惯上的差异也凸显出来了，于是“美”没了，矛盾出现了，这就是所谓的“距离效应”。

男女双方的相处，要有适当的距离，不能太近，也不能太远。如果靠得太近，会出现矛盾，如果离得太远又很可能会生疏甚至永远分开。两个人相处， 应该有一定的界限意识。保持恰到好处的距离，既能保持彼此之间的神秘感、美感，又不至于太过亲密而彼此伤害。

要明白，即便两个人走到一起成为了情侣或夫妻，双方仍然是独立的个体，都有各自的隐私、事业和社交。所以彼此之间相处时也应该有界限。留给对方和自己独立的空间，尊重对方，信任对方，其实这也是一种爱的方式。如果在相处时过于纠缠，侵入到对方的私人空间，很容易造成彼此之间的矛盾，最终两个人都会受到伤害。

下文案例中的夫妻就很好地诠释了距离效应的重要性。

【距离效应案例】

梁丽珍和丈夫张洋结婚后便开始创业，每天忙到很晚，虽然很辛苦但很充实，彼此之间有一种相濡以沫的感觉。但是随着公司有了一定的规模后，不需要再事事亲力亲为了，加上孩子的降临，梁丽珍便把重心放在了家庭和孩子身上，公司的事情便很少参与，基本都由张洋负责。

随着公司越做越大，张洋回家的时间也越来越晚，彻夜不归也成了家常便饭。丈夫的行为让梁丽珍内心开始不安、躁动，生怕自己的丈夫是有钱就变坏的男人。在不安的驱使下，梁丽珍开始频繁地偷看丈夫的手机，还做过打听丈夫行踪、跟踪丈夫的事。

有一次，梁丽珍先吃完了饭，丈夫和孩子还在餐桌上，梁丽珍又偷看了丈夫的手机，发现丈夫最近和一个女人联系密切，于

是二话不说，直接把手机摔到张洋身上，质问他外面是不是有了别的女人。丈夫不承认，梁丽珍便直接给那个女人发了信息：“你以后别再骚扰我老公了！”这一举动彻底激怒了张洋：“你神经病啊，天天看我的手机，我忍了！你还没完了？这是公司的大客户刘总！”说完，便丢下碗出了门，一连好几天都没有回家。

在这个案例中，梁丽珍因为没有界限意识，没有尊重丈夫的私人空间，表现出不信任，从而导致自己和丈夫之间的关系跌到了冰点，既伤害了丈夫，也伤害了自己。

这个典型的案例对于正处于恋爱或者婚姻中的你，又会有怎样的警示呢？

不要觉得既然两个人在一起，就应该不分彼此，自己就有权利查看对方的手机，有权利插手对方的事情。有些人把这些行为当做是爱对方的表现。但事实上，这是不尊重对方、不信任对方的表现，不给对方空间，也不给自己空间。不给彼此留一个恰到好处的距离，久而久之，只会让对方感到厌倦，而自己也会很疲惫。最终伤痕累累的两个人，哪里还能彼此温暖呢？

人都有不希望被别人触碰的角落，即使是最亲密的人也不行，一旦有人触碰时，便会像刺猬一样，保护自己刺伤对方；而人有时又需要在自己孤单寂寞冷的时候，能有人给予适时的关怀和温暖。因此，男女双方相处的最好状态应该是彼此既能忠诚地相爱，又能有适当的距离；即能彼此相互依赖、相互取暖，又能不过分插手对方的事，尊重和信任对方。这样，两个人相处时才能更加和谐愉快。

男女双方想要保持相爱相守的状态，需要彼此之间保留恰到好处的距离，那么，具体应该怎样去做呢？不妨参考以下建议：

★尊重对方的兴趣爱好

不管两个人当初选择在一起时，是不是因为趣味相投，到了具体的相处中，肯定会有一些不同需要磨合。我们不应该过分追求完美，认为彼此的兴趣爱好一定要保持一致才会更亲密，才是真爱。而是应该尊重对方的兴趣爱好，给对方空间，这样他才会更快乐，彼此之间的感情才会更和谐。

★信任对方

很多人常常担心另一半会欺骗自己，甚至会做出对不起自己的事。于是，总是很紧张，时时刻刻黏着对方，不给对方一点自由。这样的不信任是非常影响感情的，虽然身体之间的距离没有了，但是心之间的距离却更远了。因此，我们应该给予对方足够的信任，适当给对方一些时间和空间。

★注意“距离”的分寸

两个相爱的人之间的距离，就好比一根橡皮筋，如果离得太远，时间久了，橡皮筋就会失去弹性，双方就会忘记对方的温暖，遗失彼此之间的感情。很多异地恋之所以会以分手告终，也正是因为他们彼此间的距离远到“在我难受时你不在身边”“在我失意需要人陪时，总是牵不到你的手”。而当两个人天天在一起如胶似漆，也必然会产生各种摩擦和小矛盾，时间久了，这些小摩擦、小矛盾必然会发生质变，最终不可调和而以分手告终。

所以相爱的两个人，保持合适的距离才能保证彼此间既能相互取暖，又不会相互伤害。双方相处时保持“界限意识”，才能相爱相离，才能走得更长远。

家庭教育法则：为什么不能用打骂的方式教育孩子

家庭教育对孩子来说是最重要的教育，对孩子人生的影响甚至超过了学校教育。而有些家长没有掌握正确的教育方法，对孩子动辄打骂，这种教育方式是粗暴而无效的。家庭教育法则告诉我们：没有教育不好的孩子，只有用错方法的家长。家庭教育法则通过分析孩子的心理和成长规律，为我们总结出了家庭教育的原理和方法，让我们能更科学地教育孩子。

期望定律：寄予什么样的期望，培养什么样的孩子

在本节开始之前，我们先来看下面几个问题：

当孩子调皮捣蛋时，你是否非常生气地责骂孩子“没出息”“没素质”？

当孩子考试成绩不太理想时，你是否对孩子进行过一些言语上的侮辱，骂孩子是“笨蛋”“傻瓜”“傻冒”？

当孩子没有按你制定的目标或希望去执行时，你是否对孩子说过“你什么时候才能给我争口气”这样的话？

如果这些你都对孩子说过的话，那么为人父母，你真的要好好检讨下自己的言行了。因为从某种程度上来说，一个人的情感和观念很容易受到外界的影响，尤其是身边最亲近的人的影响。哪怕是孩子，也会不由自主地从内心开始接受他所喜欢的、信任之人的影响。要知道，父母过高的期望会带来孩子的无望。这也是期望定律带给我们的启示：寄予什么样的期望，培养什么样的孩子。

每个孩子都可能是天才，关键就在于父母对孩子寄予什么样的期望。如果孩子犯了一点错，你就不停地责骂孩子是“笨蛋”，训斥孩子“没出息”，久而久之，孩子的行为举止就会朝着这个坏方向逐渐发展下去；反之，如果父母能对孩子给予一定的信任和鼓励，那么孩子就会充满自信，而且为了不让你失望，他还会更加积极上进。

在教育孩子的过程中，“期望定律”常常可以发挥出它神奇的功效。例如，父母若想让孩子成为有用的人，成为一个有才能的人，那么不妨多向孩子传递一些正面的、积极的期望。在孩子遭受苦难和挫折时，可以这样说：“不管最终结果如何，只要你尽力了就好。”除此之外，父母还可以对孩子说一些鼓励的话，例如“你真棒”“你能行”“我相信你”等，帮孩子加油打气。

说到这里，我们先来看一则爱迪生的故事。

【期望定律案例】

提起爱迪生这个名字，相信很多人都不会感到陌生。可以毫不夸张地说，我们之所以能在黑暗中见到光明，都来源于爱迪生的功劳。电灯、发电机、复印机、留声机、录音机，等等，这一切伟大的发明，都出自爱迪生。而爱迪生之所以能有这样的成就，离不开母亲对他的期望。

爱迪生在学校时，因为经常在课堂上向老师问一些稀奇古怪的问题，所以，仅仅上了 3 个月小学，就被老师以“低能儿”的名义给开除了。虽然学校断定自己的孩子智力有问题，但同样作为女子学校老师的爱迪生的母亲，却通过平日里的仔细观察发现自己的孩子并不是老师口中的“低能儿”，他只是喜欢刨根问底而已。于是，她对爱迪生说：“其实你并不笨，你比任何人都要聪明，我相信，只要认真读书，将来你一定会有所成就！”

在母亲的鼓励与教导下，爱迪生不仅学到了很多学校里学不到的知识，最后经过坚持不懈的努力，还成了一名伟大的发明家。

由此可见，父母给孩子传递一种正面的、积极的期望是多么重要。积极的期望可以有效激发出孩子的潜能，帮助孩子更好地成长；消极的期望会伤害到孩子的自尊心，让孩子在你的训斥下逐渐丧失自信。父母的期望如果超出了孩子的能力范围，那么就会给孩子造成一种心理上的压力，让孩子的内心感到惶恐不安，甚至破罐子破摔，与你的期望背道而驰。

所以，那些经常责骂孩子“没出息”的父母，不妨反思下自己的教育方式。并不是你的孩子不够聪明，而是你的这种负面情绪打击了孩子的自信，让孩子产生了这样一种想法：既然你认为我不行，那我再怎么努力也是白费功夫。于是，孩子便开始自暴自弃，朝着“没出息”的方向发展下去。

那么，父母应该对孩子寄予一种什么样的期望才是合适的呢？我们不妨一起来学习一下（如图 15）：

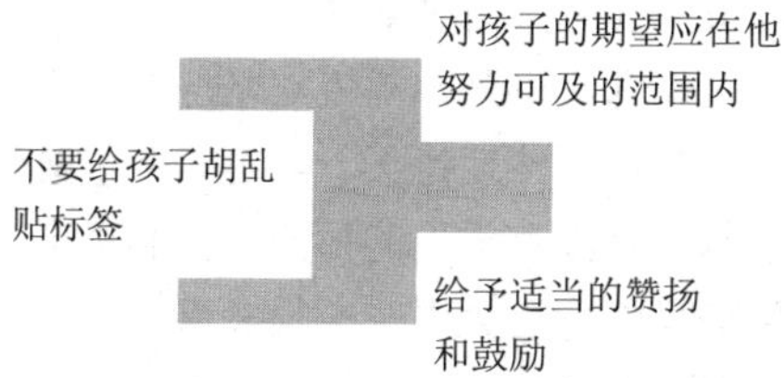

图 15　父母对孩子合适的期望

★对孩子的期望应在他努力可及的范围内

比如，孩子每次的考试成绩都在 80 ～ 85 分，你却突然让他考 100 分，是不是有点强人所难呢？此时，不妨采取循序渐进的方式，先以 90 分为目标，然后再逐渐增加。虽然说适当的期望可以激励孩子，但过高的期望也可能让孩子失去学习的兴趣。因此，父母对孩子的期望应在他努力可及的范围内，

★不要给孩子胡乱贴标签

每个人都会犯错，尤其是孩子，父母不能因为孩子做错一件事，就否定孩子所有的劳动成果。更不能因此而给孩子胡乱地贴上一些带有攻击性的标签，诸如“饭桶”“笨蛋”“没出息”之类的，否则有可能会对孩子造成心灵上的伤害。

★给予适当的赞扬和鼓励

爱迪生曾说，天才就是1%的天分加上99%的汗水。任何人的成功都不是与生俱来的，都离不开后天的努力。倘若父母整天责骂孩子是“笨蛋”“傻瓜”，那孩子还有什么自信去努力呢？与其这样，还不如给予孩子适当的鼓励与赞扬，让孩子自信满满地朝着你的期望去努力。这样岂不是更好？

总而言之，父母只有对孩子寄予一种合理而正确的期望，才能更好地帮助孩子成长，培养出一个优秀的孩子。

蔡加尼克效应：调动孩子的渴求度，让孩子念念不忘

生活中，很多人常常会碰到这样的情况：

电视剧毫无悬念，可是你却依然坚持守到大结局；一本书内容枯燥乏味，可是你仍然期待下一页内容会带给你惊喜；印象中最好看的鞋子永远是没有买下的那一双；心里念念不忘的永远是那家还没吃到嘴里的特色火锅……很多事情似乎不坚持到最后就心有不甘，觉得怅然若失。

为什么会产生这样一种心理呢？其实，这就是一种典型“蔡加尼克效应”的心理现象。“蔡加尼克效应”也是一种记忆效应，指的是人们对于手里尚未完成的事情比那些已经完成的事情印象要更加深刻。之所以会出现这种情况，是因为我们在做某件事情时，内心会不由自主地产生一种张力，以至于事情被突然打断时，这种张力便会使得我们将未完成的事情放在心上；反之，当这件事情完成后，这种张力就会自然消失，而我们也会神情放松，并将之前已经完成的、做好的事情忘掉。

很多父母在教育孩子的过程中常常感到苦恼，总觉得孩子贪玩，学什么都记不住，而且买的玩具或其他东西也不懂得好好爱护，这其实都是因为父母过早满足孩子的要求而引起的，正是因为事情太容易完成、东西太轻易得到，所以孩子才不会好好珍惜。反而是那些不轻易得到的、不容易完成的，才会让孩子内心念念不忘。

若想避免这种情况，父母在教育孩子的过程中，就一定不要过早满足孩子的愿望。不管是教孩子为人处世的道理还是教孩子学习，都应该通过分阶段的方式来进行，这样才能更好地调动孩子的积极性，让孩子念念不忘，并有效促进孩子的学习，让孩子学会珍惜眼前所拥有的一切。

下面这个案例，或许可以让你从中得到启发。

【蔡加尼克效应案例】

小宇是一名小学一年级的学生，不仅聪明可爱，学习成绩也还不错。每天临睡前，他都会要求妈妈给他讲故事。

虽然，小宇喜欢听故事，但他有个缺点，就是注意力不太集中，做什么事总喜欢半途而废。就拿听故事来说，他每次听到一半，就会让妈妈提前把故事的结尾告诉他。一旦知道结尾，他就不爱听故事的中间过程了。为了改变孩子的这个坏习惯，小宇妈妈决定每天都变换着花样给他讲不同的故事，哪怕故事再简短，也不再把故事的结尾当天就讲完，要把故事的结尾拖一拖，放到第二天或者第三天再来讲，希望以此来帮助孩子集中注意力。

有次，妈妈给他讲狼来了的故事。妈妈说："有个放羊娃他家住在山顶上。有次他在山顶上放羊，看到山脚下有许多村民在干农活儿。放羊娃想戏弄下这些人，于是，他便在山顶大喊：'狼来了，狼来了！'听到山顶有人呼喊狼来了，山脚下那些善良的村民立刻就跑向了山顶，去营救这个孩子。可是当村民气喘吁吁地跑到山顶后，却并没有看到狼。于是村民责问放羊娃：'你说的狼在哪儿呢？''哈哈哈，我是骗你们的，没想到你们竟然上当了。'放羊娃说道。听到这样的话，村民们非常气愤，都生气地走了。"

"妈妈，后来怎么样了？狼真的来了吗？结尾是什么呀？"不管小宇如何询问这个故事的结尾，妈妈都不再讲下去了。并告诉小宇："如果你想知道这个故事的结尾，就得耐心等到明天。今天你可以先自己试着发挥下自己的想象哦，猜一猜明天的结尾！"

结果，第二天晚上吃过晚饭后，小宇早早地就坐在了沙发上，催促着妈妈给他讲故事的结尾……

可以说，小宇妈妈正是有效运用了“蔡加尼克效应”的心理，让小宇在听故事的时候产生了一种意犹未尽的感觉，从而调动了小宇对故事的渴求度，并让小宇对此念念不忘。要知道，你一股脑儿地给孩子灌输知识与道理，只会让孩子产生厌烦心理，并失去学习的兴趣。

那么，作为父母，当我们在教育孩子时，应该怎样去调动孩子的渴求度呢？

以下几点建议，可供参考。

★培养孩子的意志力

孩子之所以不能专注于某一件事，做事容易半途而废，从很大程度上来说，就是意志力差。对于意志力差的孩子，父母不妨采用多鼓励、多引导的方式，来培养孩子的意志力，帮助孩子克服障碍，促使他认认真真地去完成一件事。

★给孩子做好榜样

俗话说：“父母是孩子的第一任老师。”父母的一言一行，都会在潜移默化中给孩子造成深远的影响。父母若想让孩子做事认真、专注、不半途而废，在日常生活中，就应该以身作则地给孩子做好榜样。

★必要时给予孩子指导和提示

父母要明白，指导和提示并不是代替孩子去做某件事或完成某个任务，而是帮助孩子想办法，防止孩子在碰到困难或挫折时，灰心丧气地选择放弃或逃避。父母在一旁指导和提示时也可以适当运用一些鼓励与批评相结合的方法来监督孩子。长此以往，孩子在这种监督下，不仅能养成一个良好的行为习惯，自身能力也会相应地得到提高。

延迟满足效应：适度忍耐能成大事

著名的美国心理学教授沃尔特·米歇尔曾做了一个知名的实

验：将一群年幼的孩子带进一个房间，房间的桌子上放着一些孩子们爱吃的糖果。孩子们被告知，可以立刻把桌子上属于自己名下的糖果吃掉，同时也可以在这个房间等待 15 分钟，等研究人员外出回来后再吃，而且愿意等待的孩子还会再得到一份糖果作为奖励。可能很多人会认为，这些孩子在面对多一份糖果的诱惑时，会选择忍耐。但实际上，大部分孩子都没能经受住眼前的诱惑而选择立即吃掉了糖果，只有小部分孩子成功延迟了自己想要吃糖的欲望。

这个实验便涉及心理学上所说的“延迟满足”的概念。简单来说，延迟满足其实就是我们通常所说的忍耐，它是指人们为了获取更好、更长远的利益而自愿延缓或者放弃眼前蝇头小利的一种心理。一般来说，一个人越懂得忍耐，越能成大事。

此外，这个实验同时也证明了人与人之间自我控制能力的差异化。所谓自我控制能力就是指一个人在没有外界监督与约束的情况下，适当地控制和调节自己的行为举止，抵制诱惑，延迟满足自己的需要，并坚定不移地朝着自己目标前进的一种综合能力。

随着现代社会生活条件的好转与独生子女的增多，很多父母都十分宠爱自己的孩子，甚至无底线、无原则地满足孩子的要求，恨不能把天上的月亮都摘下来送给孩子。殊不知，这样不仅会让孩子予取予求，不懂得珍惜父母的劳动成果，甚至还会助长他们刁蛮任性的坏脾气。并且孩子还会把父母的有求必应、百依百顺当成是理所当然，甚至在头脑中形成这样一种思维模式：只要我想要，就能立刻拥有。长此以往，孩子内心的欲望便会越来越强。

下面案例中的冉冉就是这样一个被父母惯坏了的小孩。

【延迟满足效应案例】

周末，妈妈带 5 岁的冉冉去商场游乐场玩。快到中午的时候，妈妈把冉冉从游乐场里叫出来，准备带冉冉回家吃午饭。可是当路过商场一楼的肯德基门口时，冉冉就怎么也不肯挪动脚步了，看着肯德基里面坐着的其他小朋友，冉冉一脸的羡慕。妈妈见此情景就对冉冉说：“我们刚刚不是说好了要回家吃午饭的吗？你还答应爸爸了，说要回家吃他的拿手好菜红烧狮子头的呀。”冉冉噘着小嘴说：“可是妈妈我改变主意了，我现在就想吃肯德基。”看到女儿迫切的眼神，妈妈接着说：“如果今天你不吃肯德基的话，那妈妈就答应你，下个周末带你来吃肯德基的儿童套餐，好吗？听说，吃儿童套餐还能得到奖励哦！”结果，冉冉一屁股坐在肯德基的门口哭着说：“不行，我就要现在吃，我不想要玩具。”

冉冉的这种行为，其实也就是典型的自我延迟能力的缺失。就像法国教育家卢梭在《爱弥儿》一书中所说：“你知道用什么办法准能使你的孩子得到痛苦吗？这个方法就是：百依百顺。”百依百顺会让孩子养成自私自利的不良习气，反之，如果父母对孩子的要求延迟满足，那么孩子也会慢慢平静地对待这一切，并把有期限的等待看成是一种惊喜。而且这种迟到的惊喜更能让孩子在得到的那一刻欣喜若狂。

可能有些父母觉得，延迟满足不就是让孩子学会等待吗？这很简单呀！其实不然。延迟满足并不是让孩子单纯地学会等待，也不是对他们的欲望一味地压制和阻挡，它只是想让孩子拥有一种适度的忍耐能力，让孩子在忍耐中学会更好地成长。因为忍耐不仅是一种坚强的意志，更是一种智慧与修养，而且适度的忍耐更能帮助孩子成就一番作为。

其实，延迟满足还有一个最大的好处，就是可以培养孩子的良好性格，而这也是父母教给孩子受用一生的良好品德。从事情的表面现象来看，让孩子晚一个星期吃肯德基，晚两天得到他喜欢的玩具，晚一个月带他去公园游玩—这些看似微不足道、不起眼的小事，却与孩子良好性格的养成存在着必然的关联。比如说，习惯了父母对自己百依百顺的孩子不懂得感恩，会认为所得到的一切都是理所当然的；而习惯了延迟满足的孩子，不仅能主动控制自己的情绪，经受住外界的诱惑，而且他们的思考能力也会更强一些，会权衡利弊做出最适合自己的选择。

既然延迟满足效应的好处这么多，那么父母在教育孩子的过程中如何才能更好地做到这一点呢？以下几点建议值得借鉴：

★延迟从一分钟开始

培养孩子的自我控制能力，父母不妨采用循序渐进的方式来进行。也就是说在对孩子采取延迟满足时，不要一开始就期望孩子能耐心地等上一整天或一个星期，应循序渐进、逐渐递增。最初的延迟时间切记不要过长，以免孩子因为长时间的等待而灰心丧气，轻易地放弃自己的目标。

★延迟满足期间不要过分关注

孩子由于年龄小，在延迟满足的过程中，难免会意志力不坚定而中途放弃或反悔。所以，在孩子等待的过程中，父母不妨通过转移孩子注意力的方式来避免孩子的过分关注。

★采用奖励法来延迟满足

要想让孩子接受并习惯延迟满足，最好的办法就是用奖励的方式来支持和鼓励他。毕竟，想要让孩子在短时间内轻易放弃自己喜欢的东西并不是一件很容易的事，所以父母一定要肯定自己的孩子，在孩子等待期间给予一些物质上的支持和精神上的鼓励，让孩子认为自己的等待是值得的，这样孩子才能坚持下去。

詹森效应：教会孩子用平常心对待得失

关于“詹森效应”，来源于这样一个小故事：一名叫詹森的运动员，平时训练认真，实力雄厚，且每次赛前测试成绩都发挥得很好，可一到正式赛场上，他就连连失利，表现得让人大跌眼镜。他在赛场上的水平和平时的训练水平实在是相差甚远。心理学家把这种平时表现出色，却在关键时刻由于心理素质差而导致发挥失常的现象称之为“詹森效应”。

“詹森效应”并不只存在于赛场上，在教育孩子的过程中也是比较常见的。有的孩子平时学习成绩名列前茅，在日常的小考中一路过关斩将，但一到大型考试时就发挥失常。为什么会出现这样的情况呢？

说到底，其实还是孩子心理素质差、内心过于看重考试成绩、缺乏足够的自信所导致的。由于他们平时的成绩一直处于遥遥领先的水平，经常受到老师的表扬与同学的羡慕，所以他们很容易造成这样一种心理定势：只许成功，不许失败。再加上父母望子成龙的心态，使得孩子压力过大而导致情绪紧张，如此复杂而矛盾的情绪交织在一起。受此影响，在关键时刻，孩子又怎能发挥出平时的正常水平呢！从某种程度上来说，“詹森效应”其实也是一种不正常的心理，即人的内心会由于受到外界的压力或影响而将现有的困境无限放大的一种心理异常现象。

为了避免这种情况，父母应该引导和帮助孩子修炼出一颗平常心，教会孩子以一颗平常心去看待身边的一切。孩子由于年龄小，缺乏生活历练，再加上争强好胜与爱慕虚荣的心理，所以，在遭遇失败时很容易变得悲观、沮丧。这种情况下，父母就要及时开导孩子走出不良情绪，并用“失败是成功之母”之类的话来鼓励孩子，从失败中不断积累和获取成功的经验，并最终走向成功。

另外，对于他人的期待，父母也要告诉孩子保持一颗平常心就好，不要自己给自己制造压力。在自身情绪感到焦虑与紧张时，就应该学会自我放松与调节，合理地释放自己的压力与情绪，比如，通过听音乐、逛街、聊天、运动、呐喊等方式，来舒缓自己的情绪，让自己的内心慢慢地平静下来。当孩子用一颗平常心去对待身边的一切时，他们最终就能克服这些心理障碍，发挥出自己最真实的水平。否则，即使平时表现优秀的孩子，一到关键时刻也还是会掉链子。

我们先通过一个案例来更好地了解一下詹森效应。

【詹森效应案例】

王浩然平时学习成绩优异，考试成绩也是数一数二，可是他却连续参加了两年的高考，并且都考得不理想。很多同学都不理解，为什么这样一个在老师眼里能考上重点院校的孩子，最后却名落孙山了呢。其实，这两次考试失败都是因为他在考场上过度紧张与焦虑导致的。第一次高考时，他在答英语试卷时，看到有的同学提前交卷离开考场后，内心便开始不淡定了，于是面红耳赤心跳加速，以至于完全没办法静下心来做最后几道题，结果以9分之差落榜。

后来选择复读的他，经过一年的刻苦努力后，再次踏进了考场。可这次，他却由于两进考场的压力又将自己笼罩在了一种紧张的气氛中，结果大脑一片空白，一些很简单的题目，他都没有做出来。第二次，他又以4分之差而与心仪的大学失之交臂。

在上面的案例中，很显然，王浩然是受到了“詹森效应”的影响。可以说，造成王浩然小考硕果累累、大考功败垂成的罪魁祸首便是情绪紧张。因为持续的紧张不仅会扰乱人体内部的平衡机制，还会在短时间内让人思绪空白，对事物做出错误的判断。所以，父母应该正确地引导和帮助孩子，教他们学会自我调节并克服紧张情绪，教他们用平常心对待得与失。

既然如此，那么父母在教育孩子的过程中，应该如何做呢？以下几种方法值得尝试（如图16）：

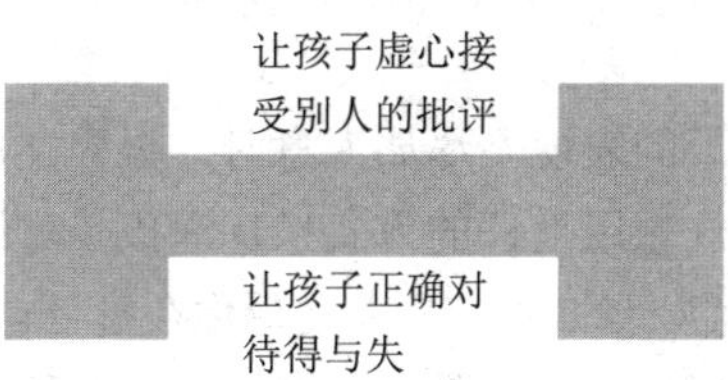

图16 父母教育孩子保持平常的方法

★教孩子虚心接受别人的批评

俗话说：“金无足赤，人无完人。”做错事情是难免的，受到批评也是难免的，作为父母，应教会孩子学会虚心接受别人的批评，把他人的批评看作是对自己的一种鞭策，从批评中汲取经验，弥补自己的不足，提升自己的能力。

★让孩子正确对待得失

有舍才会有得。当孩子因为失去某件心爱的东西或没有达到理想的成绩，而导致心情郁闷时，父母不妨这样安慰孩子：“人生就是一个不断得到与失去的过程，要学会拿得起放得下，才能迎接更美好的明天。”教会孩子正确地对待得与失，以一颗平常心去坦然地面对生活。

人生从来都不是一帆风顺的，不可能事事如意，事与愿违之事经常会发生。因此，父母在平时的生活和学习中，就要注意培养孩子看之淡然、处之泰然的心态，让孩子以一颗平常心去对待身边的一切。

示范定律：教育就是以身示范

生活中不乏这样的父母：手机里安装了时下各种热门游戏和短视频，闲暇时只顾着玩手机却抱怨没有时间给孩子辅导作业；去超市买满各种垃圾零食堆在家里，自己不做饭拿零食当正餐吃却嚷嚷自己的孩子不好好吃饭；休息在家除了抱着手机不停刷就没有别的正事干，却不停唠叨孩子没有兴趣爱好没有一技之长……

当自己孩子的表现不尽如人意时，很多父母首先想到的教育方式便是批评，想用批评的方式来加深孩子对错误的印象，避免同样的错误再犯。说真的，为人父母你在批评自己的孩子的时候，为什么不自我反思下自己的行为举止呢？为什么不好好想想造成这些问题的具体原因是什么呢？难道不是你自己把这种错误、糟糕的行为习惯传递给了孩子吗？如果父母不从自身去寻找原因，只想以简单的呵斥来改变孩子的话，那么，即使你变身为河东狮，嗓子吼得冒烟，也起不到任何实质性的作用，都将是瞎子点灯——白费蜡。

那么，父母应该如何做才是对孩子最好的教育呢？当然是示范定律了！教育的本质就是以身示范。以身示范就是告诉父母要从自身一言一行开始，放低姿态，给孩子做好表率。正如著名的哲学家托尔斯泰所说：“孩子教育，百分之九十九的教育都归结到榜样上，归结到父母自己生活的端正和完善上。”俗话说“身教重于言教”，父母作为孩子的第一任老师，其示范教育不仅对孩子的行为和性格特征的发展起着良好的榜样作用，更对孩子的一生起到了至关重要的作用。

我们先来看一个案例。

【示范定律案例】

陈小飞是一名三年级的小学生，他不仅上课认真听讲、学习成绩好，而且还会非常热心地辅导其他成绩差的同学。因此，老师和同学们都非常喜欢他。也因为如此，他被同学们推选为班级安全督查员。每次，只要班级出现什么问题，他不仅会认真地去处理，还会耐心地去调解同学之间发生的小冲突与小误会。有一次，当他劝说两名发生冲突的同学时，不小心被对方给推倒在地，导致膝盖破皮流血了。但他并没有立即去和对方理论，也没有选择告诉老师，而是默默地将眼泪吞进了肚子里。后来，当老师知晓情况后问他怎么不为自己争辩时，他说在家时父母经常对他说，要和同学融洽相处，再说那位同学也不是故意的。

不仅如此，陈小飞在家还会主动帮父母分担家务，做父母的小帮手……而这一切行为的背后，都来源于他和谐有爱的家庭教育。在他的家庭中，父母从不吵架，非常恩爱，也从来不做一些只许州官放火、不许百姓点灯的事，他的父母总是言出必行，信守承诺，不管做什么事，都想着给孩子做示范作用，并将这种良好的品质潜移默化地传递给了自己的孩子。

瞧，这就是榜样的力量。人们常说榜样的力量是无穷的，父母的一言一行，在家庭教育中都起着至关重要的作用，有些行为举止甚至还有可能对孩子造成终生的影响。既然示范教育如此重要，那么父母在教育孩子时，应该如何进行示范教育呢？

以下几点建议，希望能够帮到父母（如图 17）。

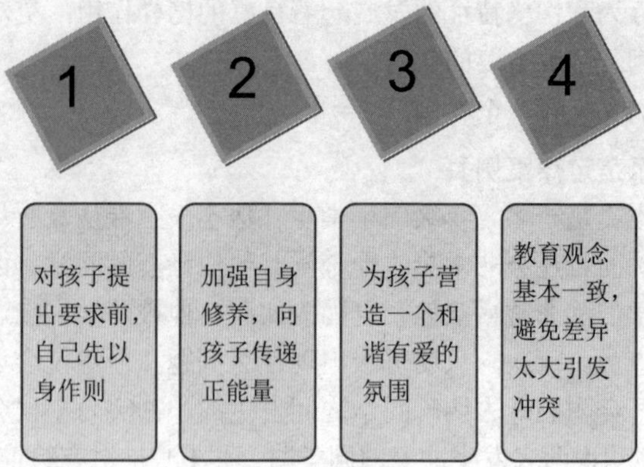

图 17 如何给孩子以身示范

★对孩子提出要求前，自己先以身作则

父母是孩子身边最亲近的人，同时也是影响最深远的人。要想让孩子做出改变，朝着好的方面发展，父母在对孩子提出要求前，自己首先就要以身作则，作出表率。只有自己做好了表率，才有资格去要求自己的孩子，教育才能达到效果。否则，孩子便会对你产生质疑，比如说：你自己都天天玩手机，凭什么要求孩子不能看电视？如此，你又该如何去教育自己的孩子呢？

★加强自身修养，向孩子传递正能量

在激烈的社会竞争环境中，如果我们不加强自身努力，那么随时都将被这个社会所淘汰。所以，父母在加强自身修养的同时，也要给孩子传递积极的正能量。比如，你努力工作、积极进取就是对孩子最好的精神激励和行为示范。如此，孩子对你的行为耳濡目染，也会因此产生一种积极进取的乐观心态，拥有成长的动力。

★为孩子营造一个和谐有爱的家庭氛围

只有家人之间感情和睦、相处融洽，孩子才可能在这种温馨和谐的家庭氛围中，感受到家人之间相互尊重、相互扶持、相濡以沫的那种情感，并将这种情感转化为尊重他人、乐于助人的优秀品质，同时也有助于孩子人际交往能力的提升。

★教育观念基本一致，避免差异太大引发冲突

优秀的孩子来自于良好的家庭教育。在孩子的教育观念上，父母应保持观念的基本一致，避免差异太大而引发一些不必要的冲突。尤其不要一个唱黑脸，一个唱红脸，这样只会让孩子是非不分，无所适从，甚至养成当面一套背后一套的处世方式，这对孩子良好的行为习惯养成是非常不利的。

人们常说，父母是孩子最好的老师。既然为人师表，那么就应该从自己的一言一行中去给孩子做最好的示范榜样。也唯有如此，孩子才能在你的示范教育下朝着你所期望的目标前行。

财富升值法则：为什么你那么辛苦工作，还是这么穷

当今社会，消费主义已经悄然充斥了我们的生活，层出不穷的广告和促销手段，不断刺激着我们的神经，要怎样做到理性消费？辛苦工作，却不能做到财富升值，我们要怎样才能摆脱“穷忙”？要解答这些疑惑，我们就要了解财富升值法则，它从消费心理学和普遍经济规律出发，向我们揭示了促销背后的陷阱，以及财富升值的秘密。

凡勃伦效应：总有人只买贵的，不买对的

假如我们在购物的时候，看到一样的商品，可是价格却不一样，那么我们会选择贵的那一款，还是便宜的那一款呢？有人说：“当然选便宜的。”也有人会说：“选贵的，贵有贵的道理。”

那么，为什么会有人有便宜的不买，反而要买贵的呢？按常理来说，便宜的东西，应该会让人们有物美价廉的感觉，可为什么有些人会反其道而行之呢？这是因为在他们心里认定贵的东西质量好，物有所值。

美国经济学家凡勃伦针对这一现象做了研究，他发现：“消费者对某一种商品的需求程度，会因为它的标价越高而变得越受欢迎。”也就是说，商品的定价越高，反而越畅销。这就是著名的凡勃伦效应，这也是一种非常正常的经济现象。

我们先通过一个案例来了解一下凡勃伦效应。

【凡勃伦效应案例】

有一位大师为了启发他的徒弟，就拿了一块石头给他，让他

去菜市场把这块石头卖掉。这块石头很大，很漂亮，但是很普通。

大师对徒弟说："你到了菜市场之后，不要卖掉它，只是试着在那里叫卖，多问一些人，问他们愿意出多少钱购买，然后回来只需要告诉我，这块石头在菜市场能卖多少钱就可以了。"

徒弟拿着石头去了菜市场后，有许多人围观，有人认为石头可以做一个小摆件；有人认为石头可以拿来玩；还有人认为石头可以用来当秤砣。他们纷纷出了价，最多的只出到了几十元。于是徒弟回来告诉师父说："这块石头最多只能卖几十元。"

大师对徒弟说："你现在拿着石头去黄金市场，跟刚才一样，不要卖掉它，试着问问价。"

徒弟从黄金市场回来后，非常高兴地对大师说："真是太高兴了，黄金市场的人愿意出一千元买这块石头。"

大师又对徒弟说："你现在拿着石头去珠宝市场，把这块石头卖掉，低于三十万不能卖。"徒弟到了珠宝市场后，惊喜地发现有人愿意出五万元买这块石头。可是他没有卖，于是那些珠宝商继续出价，价格从五万涨到了十万，徒弟说："这个价格我不打算卖。"珠宝商们接着出价十五万、二十万，虽然徒弟觉得这些人太不可思议了，但依然很淡定地说："这个价格我也不打算卖，我只是问问价。"最后他以三十万元的价格把这块石头成功卖了出去。

从上面徒弟卖石头的过程中，我们不难发现一个经济规律，那就是凡勃伦效应。它反映出了人们的消费心理：贵反而更好。

其实，这个看上去违反了价值规律的现象，在我们的现实生活中屡见不鲜。比如：一块手表，它的功能就是为了看时间，可市面上手表的价格从几十元到几百元，从几百元到几千元，甚至数十万元的都有，总有人愿意花上万元去买一块机械手表；许多女生在买包包、皮鞋和化妆品的时候，也是喜欢买贵的。

还有那些看似天价的商品：上万元的眼镜架、十来万元的纪念包、上百万元的钢琴，等等。其实，很多人购买这类商品并不只是为了满足物质需求，更重要的是为了满足自己心理上的需求。他们更青睐高价的商品，不仅仅是认为高价的商品质量更好，也是为了更好地体现他们的身份、地位、品位和个性需求，他们需要用这类商品来佐证自己，来使自己获得最大的满足感、优越感和炫耀感。

随着社会经济的发展，人们的生活水平和收入都在不断地提高，消费观念也因此发生了转变。人们过去追求的是数量和质量，现在追求的是品位和格调，消费不再是为了解决温饱等理性需求，而是为了满足精神层次的需求，这种消费的升级从本质上来看，体现的是人们对时尚、品位的心理需求的重视。因此，当我们在面对商品时，我们会更多地考虑心理因素的原因，这样就促使了我们更多的非理性消费行为的发生。

那么，从商品市场的角度来看，我们为什么会以价格的标准来评判商品质量呢？这是因为我们的商品市场是存在一定缺陷的，市面上没有那么多物美价廉的东西，许多便宜的商品在质量上真的会存在问题。所以，我们在选购商品时，会有一种自我保护的意识，希望通过高价来保障商品的质量。

虽然如此，但是我们在买东西的时候也要保持理性，购买前，最好先考虑以下几个问题：

（1）我真的需要这个商品吗？

（2）我到底买的是商品本身，还是商品背后附带的优越感和炫耀感？

（3）这个东西的价格与质量是成正比的吗？

（4）我要不要货比三家，看看价格对比？

总之，我们在购买商品时，一定要注意理性消费。要知道，贵的不一定是最适合的，对的才是适合的。钱的价值还可以用在更多有意义的地方，不要为了所谓的虚荣心、品位和身份而买单。

消费者剩余效应：买得值不值，自己说了算

在本节开始之前我们先来看这样一个故事：

小兰去理发回来，一脸的不高兴，老公关心地问她：“怎么不开心啦，新发型还不错啊。”

“什么不错，坑死了！”小兰大声嚷嚷起来。

“你知道吗，就这，路边随便剪一个头发，还非要80块钱，我以前去椰岛剪一次也就30多啊，这家也太黑了！”小兰一屁股坐在沙发上，拿起手边的抱枕狠狠拍了几下，似乎还不解气。

“好啦，也还好，没有特别贵啊，还记得上次你去哲理发花了500多，效果跟这看着也差不多嘛！”老公试着安慰她。

“那能一样吗，上次去哲理发还是姐妹一起的团购价呢，别人一般从设计到成型都是八百、上千的，我那个已经相当优惠啦！”小兰还是很不甘心。仿佛在小区旁边一个不知名的发屋花去80块钱，简直就是吃了天大的亏。

在老公看来，两次的发型并没有太大区别，那为什么之前花500多块觉得便宜，而这次才80块钱反而觉得贵得离谱呢？其实，钱花得值不值，全在于我们自己内心的预期，如果实际所花费的钱少于我们的预期，我们就觉得值了，反之，就觉得亏了。这种心理，就是“消费者剩余”效应在作祟。

消费者剩余，又称为消费者净收益，是指我们愿意支付的价格与商品实际价格之间的差额。通俗而言，就是消费者在心理上占了便宜，这个便宜的大小，便是差额。

很明显，这种消费者剩余只是一种主观感受而已。消费者剩余并不能给我们带来实实在在的价值，而仅仅是一种心理上的满足感。我们也可以这样来理解它：值不值，都是你自己说了算。

说到这里，我们再来看一个案例：

【消费者剩余效应案例】

莉莉在一家饰品专卖店给妈妈买了一个发箍，据称是韩国原单进口，标价180元，莉莉左挑右选，发现这个相对便宜，而且漂亮，性价比较高，于是买下来了。回到家，莉莉根本不敢跟妈妈说价格，妈妈常年戴着的一个发箍，是花五块钱从地摊上买来的。当莉莉把新发箍拿给妈妈时，妈妈看了一眼就随手放在桌子上了，“不喜欢吗？”莉莉问。“我觉得还是自己戴的这个更适合我。”妈妈回答。莉莉愕然，顿时无语了。

每个人的想法都不一样，对价值的感受也有差别，你觉得值得的，别人可能不以为然。可能艺术家花高价收藏的一块石雕，在寻常人眼中却不过是不值一文的石头。你觉得街边简简单单的一个小火锅，可能是别人思慕已久的，不远万里舟车劳顿赶来，就为了这一口。

也正是因为我们对价值的感受太过主观，商家往往利用这一心理来吸引消费者。

比如，双十一所谓的降价大促销，商家可不会做亏本的买卖，所谓降价，只不过是提价之后再打个折扣，当然，消费者也乐意，因为在他们心里，自己抢到了打折货，捡了大便宜。因此，双十一“剁手”，成为了很多人的一大乐趣，尤其是号称节俭会生活的主妇们，终日精打细算，双十一购物却忙得天昏地暗，结果往往是囤了一堆东西，甚至有的根本用不上。冷静分析，就会觉得不值。当然，过一阵，只要有各种促销，大家还是会趋之若鹜。

那么，我们怎么样才能在消费中保持理智，控制好自己的消费冲动呢？以下提供这样几种方法（如图 18）：

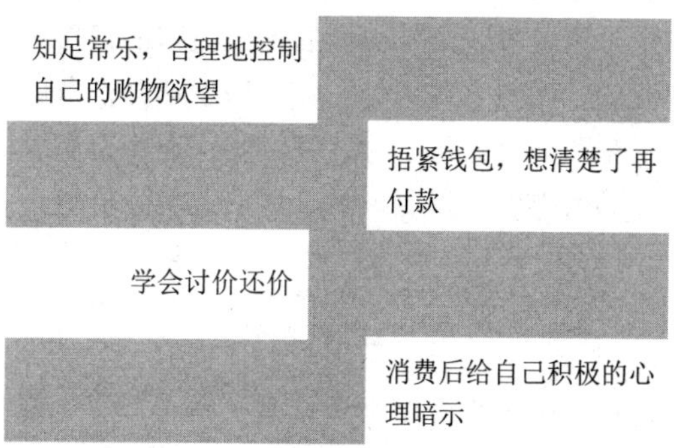

图 18　如何在消费中保持理智

★知足常乐，合理地控制自己的购物欲望

往往有人批判当今社会物欲横流，其实，物欲横流体现的是社会的发达、消费市场的活跃和经济的繁荣。但是，从个人生活的本质出发，我们如果能够做到知足常乐，则不会把快乐完全建立在消费上。去法国餐厅吃蜗牛是一件开心的事，在夜市吃一份臭豆腐，也能收获同样程度的开心。

★捂紧钱包，想清楚了再付款

不要迷信商场的打折促销，是不是值这个价，要多番比较，付款前，好好想想是不是真的需要，避免冲动消费。

★学会讨价还价

不要对想买的商品表现出强烈的购买欲望，过早地释放购买信号，这只会让商家漫天要价。也不要在对方面前透露你的真实底价，所喊出的价格应该比自己内心预设的价格低，而且越低就越能更好地满足“消费者剩余”心理，最终自己也会觉得真的捡了大便宜，钱花了，心情也好了！

★消费后，给自己积极的心理暗示

既然已经买了，就尽量想它的价值，告诉自己：我觉得值了。这样会有效提升幸福感。当然，也不是说完全自欺欺人，买回来的东西，要尽量物尽其用，发挥它的最大价值。

弄清楚“消费者剩余”心理后，在日常的消费中，我们就要尽量保持理智，做到合理规划。真正懂生活会消费的人不会为了买东西而买东西，会让每一分钱都实实在在花得有意义，尽量让“我所认为的值得”变得更理智、更贴近实际价值。

折扣效应：被理性驱使的感性消费

现代零售业的最大发明大概就是“折扣”了。商家常常会在商品原价的基础上给消费者一些让利，或是价格折扣，或是买赠，等等，为的就是满足消费者的“贪便宜心理”，诱使消费者消费，虽然消费者都明白“天下没有免费的午餐”的道理，还是经不起折扣诱惑进行了消费，这就是所谓的“折扣效应”。

通常，有些人为了贪图便宜、追求折扣而消费，他们认为自己是省钱，为自己谋求最大的利益，这是“理性经济人”的想法。

但事实上，这些人常常买的是一堆不需要的东西，这样的行为被称为感性消费。

我们常常会在各种大大小小的商场、卖场、展销会等地方，看到商家的各种折扣广告，如“全场商品 1 折起”“冬衣清仓，全场 199，血本无归”“全场商品两件 5 折，三件 3 折”“满 300 立减 50”等，各种打折促销吸引了很多人前来消费。但这些所谓的折扣真的便宜吗？真的划算吗？

答案当然是“NO”。事实上，这些商家同样是“理性经济人”，他们销售的目的就是为了赚钱，为了追求自己的利益最大化。既然如此，为什么几乎所有的商家都会打出“亏本”“让利消费者”的口号呢？

其实，所谓的折扣，只是商家为了迎合消费者占便宜的心理而使用的一些手段罢了。消费者总是对价格非常的敏感，物美价廉才是消费者的最大追求。消费者都喜欢买打折的东西，认为只有这样自己才能省钱，占到便宜，尤其是在看到那些原价很贵现在折扣很大的商品时，往往会因为“划得来”而义无反顾。而商家打“折扣”牌，自己本身没有任何损失，反而会从中得到更多的利益，如薄利多销、赢得回头客、减少过季产品的库存，等等。

事实上，不管是消费者还是商家，折扣的本身价值是中立的，双方都是想通过折扣获取最大的价值，只是看最终哪方获得的更多而已。

当面对一件折扣商品时，消费者的心理活动是：“也许我现在还用不上这件东西，但是或许将来，我就会需要它，还不如现在买呢，还能省点钱。”而商家打出折扣时的想法是：“不确定你以后会不会来买，可能会买，也可能不会买，还不如现在让你早点买了，我早点把钱赚到手。”

这两种心理的存在其实就是一种博弈，不存在谁上当吃了亏，也不存在谁占了便宜。只是看谁能胜出，谁获得了最大的利益。当消费者购买的东西，确实在日后发挥了巨大的利用价值，那么他就赢得了这场博弈，利用折扣买到了自己需要的商品，做了一次理性的消费；但如果商品买回去后，根本用不着，那么消费者就输掉了这场博弈，落入了打折陷阱。

【折扣效应案例】

一年一度的双十一又到了，面对巨大的优惠、折扣诱惑，很多人蠢蠢欲动，汪洋就是其中的一份子。早在几天前，汪洋的“购物车”就已经爆满，只等双十一零点一到就此付款了事。结果，今年的双十一，汪洋花费好几千大洋，要问她买了啥，她自己都说不清楚，反正看到超便宜的，觉得可能有用的几乎都买了。

这天家里来了很多包裹，汪洋的妈妈，帮她拆包裹时，发现了一条围巾很眼熟，才想起来去年双十一汪洋貌似也买过这条同款围巾，一直塞在衣柜里，不曾见她围过，于是开始教训汪洋：“你买这么多东西，有用吗？”

汪洋反驳：“我以后会用得上的！”

“你什么时候用得上？这款围巾，你去年就买过一条了，是不是自己都忘了？”

…………

汪洋就是属于感性消费人群，在购物时非常冲动，看到打折力度大就会忍不住想买，因此常常囤一堆根本不需要的东西。她会掉进双十一的陷阱里，完全是由于她在消费时的不理性造成的。她在这场折扣博弈中输给了参加双十一活动的商家。

可见，有时候让消费者掉进商家陷阱的并不是折扣本身，而是自己失去理智的消费心理。

所以，虽然很多时候折扣并不是陷阱，但是我们作为消费者，应该理性地对待，在滋生购买欲望时，先好好想想自己是否真的需要。“开源节流”是理财中一个重要方面，虽说买打折商品也是一种“节流”，但如果一冲动买到不需要的东西，那就是浪费，是违背我们的理财意愿的。只有面对折扣诱惑仍然保持理性，我们才能成为真正的赢家。

马太效应：让财富逆袭变为可能

马太效应指的是：好的愈好，坏的愈坏，多则愈多，少则愈少的一种现象。

马太效应来自《圣经·马太福音》的一则寓言：

有一个国王，出远门前交给三个仆人每人一锭银子，并吩咐他们说："你们拿着这一锭银子去做生意，等我回来的时候再来见我。"

国王回来后，第一个仆人说："主人，您给我的一锭银子，我已经赚了十锭银子了。"国王很高兴，奖励给他十锭银子。

第二个仆人说："主人，您给我的一锭银子，我已经赚了五锭银子了。"国王很高兴，奖励给他五锭银子。

第三个仆人说："主人，您给我的一锭银子，我一直埋在地里，我怕把它弄丢了，所以一直没有拿出来。"谁知，国王听完后，直接命令将第三个仆人的一锭银子赏给了第二个仆人，并且说道："凡是少的，连他所有的，也要夺过来。凡是多的，还要给他，让他多多益善。"

上述寓言讲的就是贫者越贫、富者越富的故事。根据马太效应，我们可以得出结论：收益是具有增值效应的，也就是说，我们的收益越高，才有机会获得更高的收益。

如果你有一张非常大的白纸，那么请把它折叠到不能再折叠为止，然后你会发现，白纸的厚度已经变得很厚了，不再是单薄的一张纸而已。同样的道理，财富也是如此，如果我们不用心去投资，那么它也就只有一张纸的厚度；反之，如果我们用心去规划自己的财富，那么财富就会像那张被折叠了无数次的白纸一样，越积越厚。

先来看一个案例。

【马太效应案例】

有一位著名的成功学讲师，应某培训中心的邀请去演讲，双方商定讲师的酬金为 200 万元。

演讲会的规模盛大，到场的人员特别多，甚至许多成功人士都慕名前来。当天的演讲非常精彩，获得了空前的成功，讲师也因此受到了热烈的欢迎，他还在演讲的过程中结交了许多其他成功人士，受益匪浅。

演讲结束后，讲师主动谢绝了培训中心与他商定好的报酬，还很高兴地对培训中心的领导说：“这几天，在演讲的过程中我的收获绝不是钱能衡量的，我所学习到的东西早已超出 200 万元的价值。”

培训中心的领导听到后很是感动，于是把讲师拒收酬金的事告诉了当天到场的所有学员，并说道：“这位讲师能在演讲的过程中，体会到比酬金更有意义的收获，这说明他对成功学的研究已经达到了很高的境界,他已经深刻地理解了成功的要素和意义。只有像他这样的讲师才称得上真正的成功学大师，而他所讲的成功学一定具有很强的实用性，他所著的成功学书籍，一定是干货满满的。”

于是，当期学员都购买了讲师所著的成功学书籍。

后来，培训中心把这个讲师拒收酬金的事，作为激励案例分享给了每期的学员，于是各期学员也都纷纷购买了讲师的书籍。这样，讲师仅在图书销售方面就有不菲的收入了。

从这个案例中，我们不难发现，如果领悟了马太效应，转变思维，就可以使我们轻松获得更多的财富。

几乎所有的人都希望自己能变得富有，那么，我们就不能只盯着眼前的利益，而是要把眼光放得更长远一点，通过马太效应的增值效果，让我们的财富不断增值。就像一张被折叠了无数次的白纸一样，不断地积累，不断地增加。

许多贫穷的人认为富人之所以有钱，是因为富人运气好或者是投机取巧，殊不知，贫穷的人之所以贫穷是因为他们不懂得让钱生钱。一般而言，只有正确的投资才能让资金流动起来，只有流动的资金才能生更多的钱，只有资金增值才能实现财富逆袭。

马云说：“花钱比赚钱难。”这一句话粉碎了多少穷人的心。为什么穷人越来越穷，富人越来越富呢？其实，获得财富的方法无外乎两种，一种是勤劳、肯干、能吃苦，而且还要有远大的抱负；第二种就是依靠自身的资金，让钱生钱，通过资金增值的方式获得财富。很明显，后者才能使我们快速地致富。

我们以市场经济的发展为例：众所周知，市场经济追逐的是利益，那么当收入、资金和财富都向着高效益的地区流动时，低收益地区的资源、财富、人才也会自动向高收益的地区转移。

也就是说，只要在一个地方的经济获得了进步和成功，那么它自然会产生一种积累优势，然后在积累优势的基础上，这个地方的经济就会获得更大的进步和成功，而低收益的地区就更难发展起来了，这就是马太效应带来的贫富差距。

这个理论在我们个人身上都能够有所体现。虽然，大部分人的起步是差不多的，但是最终还是会出现财富上的差异，这是因为有些人很善于利用自己的财富来实现财富增值，而那些不善于利用闲置资金的人，就不会获得更多的资金，何谈财富逆袭呢？

总而言之，要想让自身的财富增值，我们就要让资金流动起来，让我们的收益在不断的积累中越积越多。但是我们还需要注意市场风险，以免盲目投资给我们造成损失。

快乐生活法则：为何你总感觉不幸福

幸福，对我们来说究竟是什么？怎样才能让自己得到幸福？快乐生活法则为我们带来了一堂人生幸福课，它通过心理学分析告诉我们：幸福掌握在我们自己手中，幸福来自我们的内心。快乐生活法则还为我们提供了积极行动的方法，让我们掌握通往快乐人生的钥匙。

贝勃定律：知足的人，幸福感才爆棚

有这样一个实验：一个人的右手托着300克的重物，然后在他的左手放上305克的重物，此时，他并没有觉得两只手上的重量有多大的差别，直到左手的重量加到306克时，他才会觉得左手的重物会重一些；如果右手的重物一开始是600克，那么左手的重物要达到612克时，才会明显比右手重。这就说明，当原先的重物越重时，就要加更重的重物，才能体现出重量的差别。这就是著名的“贝勃定律”。

其实，在生活中，贝勃定律无处不在。比如，本来只卖1元的矿泉水突然要3元了，我们肯定觉得无法接受；可原先就要5000元的电话，即使涨了200元，我们也不会太过惊讶。

由此，我们可以得出一个规律—幸福递减规律。换句话说，就是“得到的越多，感受到的幸福就越少”。对饥寒交迫的乞丐而言，一块面包就是天大的幸福，可对锦衣玉食的富人来说，一块面包只是毫不起眼的食物而已，为什么他们得到的幸福感会截然不同呢？这是因为他们对面包的幸福感受能力不同。

俗话说“知足常乐”，说的就是知足的人才能拥有更多的快乐，才会幸福感爆棚。每个人都有贪欲，都想得到更多的东西，可事实往往是，你得到的东西越多，幸福感就越少。这个世界上没有十全十美的人和事，你越想要得到，就越不会满足，越是不满足，就越不幸福。

下面这对夫妻的故事，或许可以给你一些启示。

【贝勃定律案例】

一对相爱的恋人步入了婚姻生活，爱情的高潮过去后，取而代之的是生活的柴米油盐。面对生活的艰辛，妻子整天闷闷不乐，因为没钱买房，没钱买车，没钱买更好、更漂亮的衣服……可两人的收入实在是太少，除了日常开支外，确实没有多余的钱来做其他的事了。丈夫是个乐观开朗的人，看到妻子不开心，总是找机会开导妻子。

有一次，一个朋友生病住院了，他们一起去医院看望，躺在病床上的朋友告诉他们自己的病是累出来的，然后提醒他们要按时吃饭，不要太过劳累。回来的路上，丈夫就对妻子说："如果给你一笔钱，但是我要像他一样躺在医院，你愿意吗？"妻子说："不愿意。"

又有一次，他们一起去散步，路上有一幢特别漂亮的别墅，别墅里住着一对年迈的夫妇。然后丈夫问妻子："如果让你现在就住进这么漂亮的别墅，但是我们要变得和他们一样老，你愿意吗？"妻子立马回答说："我才不愿意呢！"

后来，他们在电视上看到了一起重大的抢劫案，劫匪抢走了超过100万的现金，最后被法院判处了死刑。然后丈夫借机问妻子："如果给你100万，但是你要马上去死，你愿不愿意？"妻子生气地说："你说的什么呀，我才不干呢！就是给我200万，我也不干！"

此时，丈夫才笑着对妻子说："你看，这就对了嘛！俗话说，知足常乐。你看，我们拥有这么多的东西，有生命，有青春，有健康，除此之外，我们还有一双勤劳的双手，你为什么还是这么不开心呢？"妻子听完丈夫的话，豁然开朗，不再闷闷不乐了。

其实，上面这个案例中的丈夫一直在开导妻子，目的就是想让妻子在知足中感受快乐和幸福。知足的人，幸福感才会爆棚。有时候，幸福真的很简单，只是我们想要的太多，就忽略了身边的幸福。所以，我们要学会知足常乐，这样我们才能活得更轻松、更快乐、更幸福。

有人曾对社会不同阶层的人做过一次调查，当问到“你觉得自己幸福吗？”这一问题时，受访的人中，有80%的人表示自己过得不幸福。他们都或多或少有这样那样的不满和抱怨。

问题是，为什么会有这么多人觉得自己不幸福呢？事实上，他们并不是不幸福，他们只是没有一颗知足的心。为了满足自己无尽的欲望，他们走得太匆忙，以至于忘了感知生活中的美好和快乐，既然没有感知过，又何来幸福感呢？

由此可见，幸福是我们每个人内心的一种感觉，而这种感觉不是一成不变的，它会随着时间、地点、环境、心情的改变而改变。只有学会知足，才能常乐。

就好像一个人，他非常饥饿，当他吃第一碗米饭时，幸福感会爆棚，觉得这个世界上没有比这碗米饭更可口的食物了；当他吃第二碗时，已经不那么饿了，他的幸福感会明显下降；当他吃第三碗时，肚子反而会撑得发胀，不想再吃了。于是，他吃饭时的幸福感也就消失了。

所以，幸福是随着我们的追求、希望和需要而来的，当这些东西都发生改变的时候，幸福又会像过客一样，匆匆离去，它不会永远停留在那里等着我们去感受。既然是这样，那我们又该怎样去追求和感知幸福呢？

具体来说，我们应该用知足的心去感受生活、感受快乐、感受幸福。要知道，知足才是我们寻求幸福的唯一方法。当我们在抱怨工作不顺利时，请想想那些还在四处奔波的求职者；当我们在抱怨晚餐不够丰盛的时候，请想想那些食不果腹的孤儿；当我们在抱怨孩子顽皮、不听话、不聪明的时候，请想想那些渴望骨肉却不得的人们，想想他们，难道我们还不够幸福吗？

正是因为我们有太多的欲望，所以才不知足，才不幸福。生活中，我们经常听说这样一句话，“平平淡淡才是真”，幸福往往就蕴藏在我们平淡的生活中，只要我们用一颗知足的心去感受，就能从平凡的生活中发现真正的喜悦和幸福。

史华兹论断：“幸”与“不幸”，你做主

两只小鸟在天空中飞行，有一只不小心折断了翅膀，被迫停下休息，另一只小鸟只好独自飞行。折断翅膀的小鸟正在感叹自己的不幸，伤心不能和同伴一起远行时，突然，一个猎人击落了那个飞远的同伴。那个独自飞行的小鸟惨死在猎人的枪口下，而那个感叹自己不幸的小鸟却活了下来。这就是美国著名心理学家史华兹提出的“史华兹论断”。史华兹说：“所有的坏事情，只有在我们认为它是不好的情况下，才会真正成为不幸事件。”

有时候，幸福也是如此，总是蕴藏在不幸的外表下。因此，我们能不能感受幸福，最重要的是取决于我们自己怎么看待“幸”与“不幸”。

实际上，世间万物都是不停发展和变化的，幸与不幸也不是永恒不变的，所有的一切都只是时间轴上的一点。我们要学会从不幸中看到幸福的影子，用心去感受、捕捉不幸中的幸福，这样才能在变数中找到真正的幸福。

下面这个案例中的木桶，或许可以给你一点启示。

【史华兹论断案例】

有一个农夫，因为住得远，他每天都要在很远的地方挑水。他把两个木桶分别吊在扁担的两头，其中一个木桶完好无损，而另一个木桶却有一道裂缝。所以，每次回来的时候，那个好的木桶总是满满的一桶水，而那个有裂缝的木桶因为漏了很多，所以只剩下半桶水。

好的木桶每次都为自己有满满的一桶水而自豪，而那个有裂缝的木桶却因为自己没能完成任务总是感到羞耻，觉得自己愧对农夫。有一天，那个有裂缝的木桶对农夫说：“我要向你道歉，每次我都漏了好多水，你这么辛苦地挑回来，却没有得到应有的

回报。”

农夫却说：“等明天挑水回来的时候，不要只顾着难过，看看你那边的风景。”第二天，回来的时候，有裂缝的木桶发现自己又在漏水了，正在难过的时候，想起农夫昨天对自己说的话，于是看了看自己这边的风景，才发现自己的身下开满了鲜花，漂亮极了。看着这些鲜花，有裂缝的木桶开心地笑了。

此时，农夫才说：“其实我很早就发现你有裂缝了，所以就在你那边的路上撒下了许多花籽，因为有你每天给它们浇水，所以这些花儿才能开得如此美丽。当我挑水累了的时候，看着这一路的鲜花就会觉得很开心，很幸福，难道你不觉得幸福吗？”有裂缝的木桶闻着一路的芳香，开心地笑了。

很显然，故事中的木桶有裂缝，是不幸的，可正是因为裂缝，鲜花才能开放得如此美丽。所以说，幸与不幸不是绝对的，皆在我们的一念之间。对于事物的看法，每个人心中的标准是不一样的。我们是否能获得幸福，关键在于我们自己的内心。

没有经历不幸的人生是不完整的，不幸也是我们人生的必经之路，只有经历过不幸之后，我们才能真正体会到什么是幸福。有时候，不幸也能给我们带来意想不到的收获，幸与不幸的唯一区别就在于我们怎么看待它。如果我们能从不幸中看出幸福，就会发现结局别有洞天。

史华兹论断旨在告诉我们，要坦然地面对生活中的幸与不幸，即使真的是不幸，我们也要坦然地接受，把它作为我们人生的历练过程，并找出隐藏在不幸中的幸福。

虽然，我们不能避免不幸，但是我们可以改变自己的心境，幸与不幸自己做主。其实，生活就像是洋葱，当你一片一片剥的时候，总有一片会让你流泪。那些不幸就是让你流眼泪的洋葱，虽然它让你泪流满面，但是换个角度，你会发现，它也是一种别样的幸福。

右脑幸福定律：聪明的左脑，幸福的右脑

美国心理学家霍华·克莱贝尔说：“经常使用右脑的人，会比经常使用左脑的人更幸福。”

这是因为，我们的左脑和右脑分工是不同的。左脑侧重于理性的一面，是决定我们逻辑、语言、功利、算计和分析的，因此，左脑发达的人会更聪明，更容易成功。而右脑则侧重于感性的一面，是决定我们灵感、直觉、音乐、艺术和宗教的，所以，右脑发达的人会更容易产生美感和幸福感。也就是说，我们所有的好心情和幸福感都藏在我们的右脑里。

也正是因为这样，克莱贝尔根据左、右脑分工的不同和生活幸福感之间的关联，提出了“右脑幸福定律”。克莱贝尔通过调查发现，绝大多数的人都习惯用左脑去思考问题、看待问题，而极少有人用右脑去思考问题。而这也造成了人们左、右脑使用的不平衡，当左、右脑使用严重不平衡时，会引发失眠、焦虑和抑郁等心理疾病，最重要的是，会大大降低人们的幸福感。

下面的这个案例，或许就能很好地说明问题。

【右脑幸福定律案例】

有一对夫妻带着 6 岁的孩子，去找出租房。有一天，他们在租赁信息上看到了一则出租信息后，就立刻赶了过去。房子各方面的条件都非常好，他们也很满意，可房东却说：“我的房子不租给带小孩的租客。”

夫妻俩听到后失望地离开了，6 岁的孩子看到这一切后，又返回去敲开房东的门，他对着房东说了一句话后，房东哈哈大笑，当即就决定把房子租给他们了。

回去的路上，爸爸问孩子是怎样说服房东的，孩子笑着说：“我没有说服他，我只是告诉他，我要租这个房子，我们家没有小孩，只有三个大人。”

在上述案例中，当孩子的父母在解决这件事时，他们是习惯性地运用了左脑的惯性思维。即，要么出高价，要么苦苦哀求房东，要么对房东说自己的孩子非常听话之类，然而这些方法都不

能解决最终的问题。而当 6 岁的孩子在解决问题时，运用的却是右脑中的发散思维，所以，他轻而易举地解决了问题。你看，这就是用右脑的妙处。

那么，在生活中，为什么绝大多数的人都是用左脑来思考和生活呢？

这是因为，左脑对右脑而言有明显的优势，左脑聪明，会算数，会分析，它是“竞争脑”，是“现实脑”，在我们的生活中占据着主导的地位。可是以左脑为中心的生活是理性的，是单调的，而且人们也会因此而变得视野狭隘。

而右脑是我们的信息宝库，是我们精神生活的源泉。所有的灵感、顿悟和创造力都是由右脑激发出来的。但是一直以来，我们都是用左脑来思考问题，而忽视了右脑的发展。有研究表明，我们的大脑潜能只开发了 3%，而其他的 97% 都藏在右脑的潜意识里，所以，右脑对我们而言就如同一个巨大的宝藏，等着我们去发现，去挖掘。因此，为了使我们能更开心、更幸福地生活，我们要训练并使用自己的右脑。

其实，在现实生活中，我们并没有刻意地使用左脑，而左脑之所以比右脑使用得多，不仅仅是因为左脑是“竞争脑”，而且还有一点是因为左脑很好开发，右脑相对而言就比较困难。但是，随着科技水平的提高和研究的深入，心理学家们已经提出了一些开发右脑的方法，我们不妨来学习一下（如图 19）。

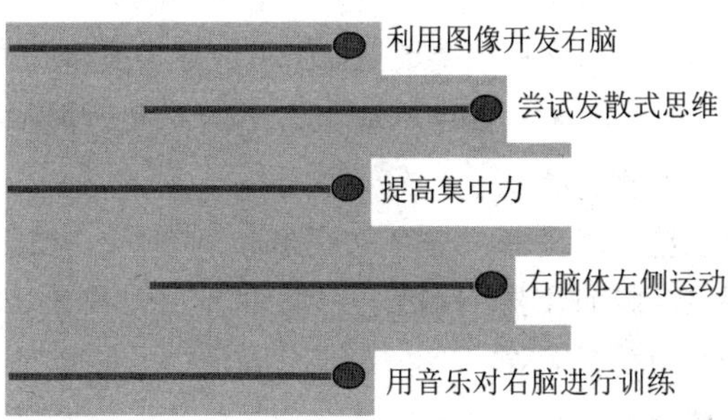

图 19　开发右脑的方法

★利用图像开发右脑

右脑是负责图像的大脑，我们可以在阅读中，省去读音的环节，将文字映入大脑，然后把这些文字想象成图画，通过图像来记忆文字。这种图像法可以很好地培养我们右脑的形象思维，我们通过图像可以把要记的东西深深地印在脑海中，这样不仅记得好，还记得快，而且这一系列的动作可以更好地开发我们的右脑。

★尝试发散式思维

发散思维又称辐射思维，是指由一件事物引发而想到与这件事物相似、相关或相反的事物。发散思维是创造性思维最主要的特点，经常使用发散思维可以使我们的思维变得更灵活，更富有流畅性。

锻炼发散思维的方法有很多，比如，拿起一本书，然后在书中随意选出三个没有关联的词，选词时动作要快，不要思考，不要迟疑。然后把选出的三个词组合成一句有意义的句子。通过这种训练，不仅可以增加词汇量，而且还能提高思维的活跃程度。

★提高集中力

当我们集中精力的时候，左脑的活动程度最小，而右脑则会处于一种非常活跃的状态，并且产生大量的 α 脑电波，这些都有益于右脑的开发。

提高集中力的方法有很多，比如，拿两个盘子，在其中一个盘子里放一些豆类，然后用筷子把盘子里的豆类夹到另外一个盘子里，这种方法可以有效地集中人们的注意力，更好地刺激右脑。

★右脑体左侧运动

我们可以经常用左手、左臂、左腿等左侧的身体做活动，这样就可以促进右脑的开发。比如，用左手拿筷子、刷牙、拿东西、写字、画画、剪纸，等等。

★用音乐对右脑进行训练

我们还可以每天适当地放一些能让自己宁静的音乐，如古典音乐等，每次十分钟、十五分钟或半个小时都可以。听音乐的时候最好让自己安静下来，什么都不要想，什么都不要做。此外，我们还要有意识地进行散步、垂钓等户外活动，帮助自己开发右脑，以便获得幸福感。

总之，我们只要找到适合自己右脑训练的方法并坚持，就可以最大限度地提升我们右脑的潜能，让主宰幸福的右脑打开幸福的大门。就如心理学家马尔茨所说："所有人都是为成功而降临到这个世界上的，但是有人成功了，有人没有。这只是因为每个人使用自己大脑的方式不同。"

因果定律：种下"幸福"的种子，才能收获"幸福"的果实

因果定律，又叫苏格拉底的因果定律，是指任何事情的发生都是由一个特定的原因造成的，有因才有果，今天的因就是明天的果，而今天的果则是昨天的因。

俗话说"种瓜得瓜，种豆得豆""物有本末，事有终始"，这些道理都旨在告诉我们，想要收获幸福，就要先种下幸福的种子。

著名哲学家培根说："懂得事物因果的人才是幸福的。"生活就是一个因果循环的系统，如果我们认为自己不幸福，那么就应该先反思自己是否种下了幸福的种子，是否懂得因果循环的道理。要知道，我们现在所有的一切都是自己亲手种下的。

当然，也有人会说："有些人，生活很平淡，可是依然感觉很幸福；而那些看上去很成功的人，却并没有觉得自己有多幸福，这显然就不是因果定律了。"这是因为幸福虽然与客观因素有关，但其实它是一种非常主观的情感。

宾夕法尼亚大学的心理学家马丁·瑟里格曼认为："幸福=快乐+意图+参与。"意思是，我们想要的幸福不是空等来的，也不是期盼来的，而是需要我们拥有快乐的能力，有积极主动地获取幸福的意图，并积极地参与其中，只有这样幸福才能如期而至。

而一味地抱怨、叹息过去是没有意义的，只会让我们感觉不幸福，唯有积极地面对生活，才是为明天种下幸福的种子，才能让今天的你决定明天的幸福。

【因果定律案例】

小艾大学毕业后在一家外企上班，平时工作认真、努力，从不抱怨工作和生活的苦楚，无论是上班还是下班，她总是洋溢着幸福的微笑。两年过去后，她晋升为部门主管，同事、朋友都对她羡慕不已。有人问道："你每天都是积极、向上、开心的样子，感觉你每天都很幸福，你是怎么做到的呢？"小艾笑着说："因为我每天都告诉自己，只有积极努力地参与到工作和生活中，才能得到相应的回报和幸福。"

你瞧，生活就是这样，你对它微笑，它也会对你微笑；你对它哭泣，它也就只能对你哭泣了。今天我们努力工作，热爱生活，明天工作和生活才会回馈给我们想要的幸福。这就是因果循环。

其实不管生活是平淡的还是忙碌的，我们都要学会给自己种下幸福的种子，为自己找一个幸福的理由，比如下班后美味的晚餐，工作上领导的肯定，朋友间的一个问候，等等。用这些小小的幸福组成人生的大幸福，让自己的人生过得美好而幸福。

虽然我们的幸福与社会制度、人文关怀等有一定的关系，但是最重要的其实是我们自己的努力和内心的调节。那么我们要怎样做才能调节自己的内心，种下幸福和希望呢？具体来说，我们可从以下几个方面入手（如图 20）：

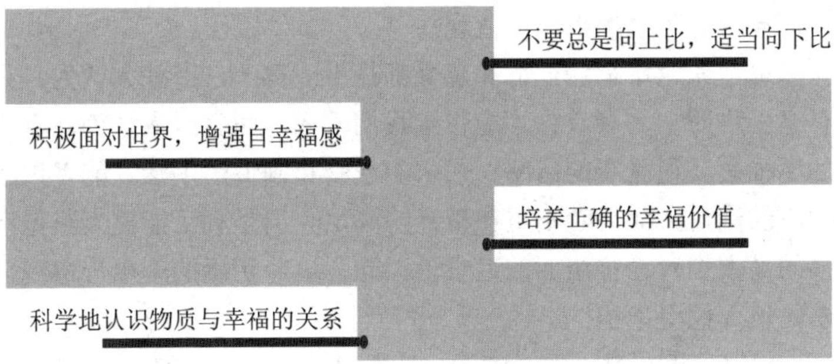

图 20　如何提高幸福感

★积极面对世界，增强自我幸福感

我们要时刻保持乐观向上的生活状态，要对生活充满信心和希望，尽可能多地接触积极向上的人，建立自我信念，努力提高自尊、自主和自我控制感。通过劳动获得基本的生活条件，然后主动、积极地争取我们应有的幸福权利，提高自己的幸福感。

★不要总是向上比，适当向下比

有研究表明，总是向上比虽然可以起到一定的激励作用，使我们能做得更好，但是这样会大大降低我们的满意度和幸福感。而适当地向下比，会增加我们的满意度和幸福感。因此，当我们在工作或生活中感觉太累的时候，不要总是向上比，而要适当向下比，这样不仅可以缓解压力，而且还能让自己用一颗理性平和的心去面对生活。

★科学地认识物质与幸福的关系

要知道，物质和金钱不是幸福的必备条件，金钱是买不到幸福的。虽然在一定程度上，贫穷确实可以影响我们的幸福感，但是只要超出了一定的范围，金钱对幸福的影响就微乎其微了。甚至有时候，金钱会让我们形成一种物质主义价值观，这种价值观反而会降低我们的幸福感，因此，我们要科学地认识物质与幸福的关系。

★培养正确的幸福价值观

每个人对幸福的理解和感受都是不一样的，有些人认为，只有享受物质、名利双收才能带给我们幸福，而有些人认为，真正的幸福是获得真挚的情感、艺术的享受和愉悦的生活。前者重在物质的满足，而后者则重在精神的满足，但是真正能使人获得幸福的是人们对精神层面的追求。因此，培养正确的幸福价值观，才能使我们更幸福。

总之，幸福是需要经营的，是靠我们自己去争取、去创造的。世界上没有突如其来的幸福，所有的耕耘和努力都是有收获的，今天我们种下幸福的种子，明天才能收获幸福的果实。

罗伯特定理：打倒我们的，只有我们自己

“没有人因倒下或沮丧而失败，只有他们一直倒下或消极才会失败。”这是由美国史学家卡维特·罗伯特提出的罗伯特定理。换句话说，就是如果我们自己打不倒自己，那么就没有人能打倒我们。

人生在世，没有人会永远一帆风顺，遇到挫折是在所难免的，当我们遇到挫折和困境的时候，我们应该勇敢地面对挫折，不逃避、不沮丧、越挫越勇。就像小时候妈妈对我们说的那样：“没关系，跌倒了，自己爬起来。”

下面的这个故事，或许可以给你一些启示。

【罗伯特定理案例】

有一位长得非常漂亮的女士，结婚两年后被丈夫抛弃了，更让她伤心的是，她的孩子也因为生病而夭折了。接连的打击让这位女士万念俱灰，她看不到生活的希望，准备跳海自杀。

到了海边后，她上了一个渔夫的船，等船开到海中后，她毫不犹豫地“扑通”一声跳入了海中，渔夫回头发现女士跳海后，急忙跳进海里，救起了女士。

渔夫把女士救上船后，不解地问道："年纪轻轻的，为什么要寻死呢？有什么事是过不去的？"

女士哭泣着说："结婚才两年，丈夫就喜新厌旧抛弃了我，更不幸的是我的孩子也病死了，我活着还有什么意思？"

渔夫说："那你两年前是怎么生活的？"

女士想了想，自豪地说："当时我还是单身，无忧无虑，生活得很幸福。"

渔夫问道："那你两年前有丈夫，有孩子吗？"

女士说："当然没有，两年前我还没有结婚呢！哪来的丈夫孩子！"

渔夫接着又说道："那就对了，现在的你没有丈夫和孩子，两年前的你也没有丈夫和孩子，你又回到了两年前的状态一单身又漂亮，现在对你来说又是一个新的起点，有什么想不开的呢？"

女士想了想渔夫的话，幡然醒悟，决定重头再来，回到岸上后重新燃起了生活的希望。

上述案例中女士的遭遇确实非常不幸，但是致使她走上跳海这条路的不是她的遭遇，而是她自己。每个人都希望自己能幸福、快乐，但是在生活中，所有的事情不会都如我们所愿，我们或多或少会遇到困难和烦恼，这是我们不能控制的。我们唯一能做的，就是用宠辱不惊的心态去面对人生的起起落落，在困难和挫折面前坚持不懈、永不放弃。

人们常说：人生，没有过不去的坎，只有过不去的人。我们不管遇到什么样的困难，都不能先放弃自己。在现实生活中，总会有一些人，一遇到困难就一蹶不振，还没有被困难打倒，就先被自己打倒了。比如，有一个人，得了很严重的胃病，却被误诊成了胃癌，从此以后每天提心吊胆、战战兢兢，总担心自己活不了多久，结果没多久就真的去世了。其实，这个人是被自己害死的，他以为自己真的得了胃癌，于是就先放弃了自己，那么生命也就放弃了他。

美国作家欧·亨利在《最后一片叶子》里也讲过一个类似的

故事，不过故事的结局却大不相同。在故事中，那个放弃了自己的病人，被一位老画家救了回来，救回病人的不是神丹妙药，而是老画家用水彩画的一片绿叶。老画家将这片代表希望的绿叶挂在病人窗外的树枝上，给予病人希望和力量，最终他奇迹般地活了下来。

因此，当我们面对失败和挫折的时候，当我们感觉一切都毫无希望的时候，当我们的问题无法解决的时候，请千万不要放弃，只要心存信念，我们就会看到奇迹。

人的一生，可以放弃很多东西，唯有希望不能放弃。因为有了希望，才会有信心，才不会轻易地放弃自己。只要有一线希望，我们都不能退缩，都要勇往直前，越挫越勇。

也许，我们的人生布满荆棘；也许，我们的旅途沼泽遍布；也许，我们的前途晦暗无光，但是，我们要坚定而自信地告诉自己："再试一次，再试一次！"

积极乐观的心态像太阳一样，照亮了我们的人生，它帮助我们走出消极、战胜困难，而消极悲观的心态则像月亮一样阴晴不定，它只会让我们的处境更糟糕，甚至会毁了我们的生活。所以，如果我们想要自己的人生多一点快乐，多一点幸福，就应该用积极乐观的心态面对生活。

正所谓"内心愁苦命运也愁苦，心态决定命运"。我们的人生是由我们自己的心态决定的，我们拥有什么样的心态，就会拥有什么样的人生。因此，不要让消极和悲观主宰了我们的心态，只有当我们心情愉悦的时候，幸福才会来临。

记住，打倒我们的不是困难和挫折，而是我们自己的心态。唯有积极地面对生活，才能走出消极的漩涡。愿我们都能不服从命运的安排，做主宰自己命运的强者。

迪斯忠告：活在当下，不要想太多

人的一生，不长也不短，可要想把这人生过得精彩，却不是一件容易的事。在现实生活中，常常有人为了昨天的失意而喋喋不休，为了明天的美好而热血沸腾，就这样，他们在埋怨与兴奋中荒废了宝贵的今天。但是，他们忘记了，只有今天才是我们真正拥有的，如果我们的每一个今天都在追悔过去，幻想未来，那么，我们的人生就只会剩下抱怨和空想了。

美国作家迪斯提出：“昨天过去了，今天只做今天的事，明天的事暂时不管，活在当下最重要。”这就是著名的迪斯忠告。它告诉我们，昨天已经过去了，明天还没有到来，最重要的就是此时此刻，要想过好每一天，就应该活在当下，不要想太多。

有一首诗是这样写的：“不要为昨天叹息，不要为明天忧虑。因为明天只是个未来，昨天已成为过去。未来的不知是些什么，过去的只能留做记忆。只有今天，才是你真正拥有的。今天，是你冲锋的阵地。”

过去的事情，我们已经无法改变，未来的事情，我们也没有办法预测，唯有现在是我们可以把握和拥有的。因此，与其一味地抱怨过去，坐等明天，不如珍惜时间，把握现在。因为，只有过好今天，才能弥补昨天的遗憾，迎接美好的明天。

关于这一点，我们不如先来看一个故事。

【迪斯忠告案例】

在街角的尽头，有三个乞丐正在聊天。

第一个乞丐说：“以前，我用10万元炒股，炒成了百万富翁，要不是金融危机，股市暴跌，我也不致于沦落到今天的地步，想当年……”

第二个乞丐说：“好了，好了，这都是多少年前的事了，听你说了几百遍了，还提呢。明天早上跟我去垃圾桶看看，说不定能捡到一百块钱呢！到时候……”

第三个乞丐没有参与他们的讨论，而是独自离开找食物去了，因为他知道现在不填饱肚子，就会饿死。而那两个乞丐一个还在回忆过去，一个还在幻想未来。

第二天，等第三个乞丐找到食物回来的时候，发现那个缅怀过去和畅想未来的乞丐都已经断气了。最终只有第三个乞丐活了下来。

其实，这三个乞丐分别代表了我们生活中的三种人：一种永远活在过去，一种永远活在未来，一种活在当下。

那些沉浸在过去的人，总是活在过去的光环里，过去的一切都让他们难以忘怀；那些幻想着明天的人，总是活在对未来的想象中，不肯面对现实。不管是哪一种人，他们的今天都过得不太好，所以他们要用昨天和明天来安慰自己。

但是，这些怀念和幻想都只是自欺欺人的把戏而已，除了让我们虚度光阴外，别无他用。我们应该像第三个乞丐一样，活在当下，也唯有活在当下，才能拥有未来。

有一些人，总是抱怨过去，殊不知，抱怨不仅改变不了他们的处境，还会使他们的心情更糟糕，让他们感觉不幸福。而那些活在未来的人，对未来的不确定充满了恐惧，他们的内心没有足够的能力去面对，所以他们会焦虑，总是担心“明天的工作做不好”“家里有遗传病史，未来的某一天自己会不会也得这种病”“担心孩子毕业后找不到工作，娶不到媳妇”，等等。

这些焦虑使他们整天战战兢兢，每天都活在担忧中，因此，浪费了能够创造明天的今天，所以，明天当然会像他们想象中的那般不如意。

俗话说：“船到桥头自然直，车到山前必有路。”因此，没有必要为了还没有到来的明天而担忧，与其怀着没有意义的担忧，不如行动起来，过好今天。

生活很现实，社会很残酷，为了我们自己，请活在当下，不要想太多。

很多时候，我们觉得很累，很不幸福，其实是因为我们想得太多。如果我们把精力都用在了不该用的地方，那么就会在无形中透支很多不必要的精力。如果我们想要更幸福，就不要花太多的精力在沉迷过去和幻想未来上，想得太多，只会毁了我们自己。

许多人不懂得今天的重要性，只是一味地胡思乱想，这样不仅浪费了宝贵的时间，而且还会影响我们的未来。要知道，当下是不可跳跃的，如果我们用过去和未来填补今天，那么也就是无情地抛弃了自己。正是因为我们想得太多，顾虑太多，所以才没有好好地珍惜今天。

有人说，活在当下，也是认清自己、接纳自己的表现。我们既要接纳过去的辉煌，也要接纳过去的痛苦；我们既要接纳未来的希望，也要接纳未来的不确定；更重要的是，我们既要接纳现在的平静与安详，也要接纳现在的不安与忐忑。不管时间怎样流逝，我们都要接纳现在的自己，因为我们永远活在此时此刻。

我们要知道，能够决定未来的不是过去，也不是将来，而是现在，所以，我们要活在当下，努力拼搏，创造未来。只有接纳了自己的过去、现在和将来，我们才会拥有一个完整的人生。

总之，不要留恋过去，更不要一味幻想未来。因为只有把握了现在，才能更好地把握未来。如果我们想要活出自己理想的生活，那么从现在开始，请珍惜时间，把握好当下的每一天。努力地去奋斗、去拼搏，精彩地过好每一天，让自己的人生更幸福、更美好。